Les débuts du langage chez l'enfant

Dans la série **Enfances** / *initiation*

Jacques Chazaud	Précis de psychologie de l'enfant
Myriam David	L'enfant de 0 à 2 ans
Myriam David	L'enfant de 2 à 6 ans
Jean-Marie Delassus	Le sens de la maternité
Pierre Galimard	L'enfant de 6 à 11 ans
Pierre Galimard	L'enfant de 11 à 15 ans
Claude Lorin Patricia Demachy	La psychologie de l'enfant et de l'adolescent à portée de tous
Jacqueline Peugeot	La connaissance de l'enfant par l'écriture
Michel Rota	Communiquer avec l'enfant
Michel Rota	18 à 25 ans : la postadolescence et ses problèmes
Aletha Solter	Mon bébé comprend tout
Aletha Solter	Comprendre les besoins de votre enfant
Jean-Pierre Thomasset	Accueil et éveil du jeune enfant

Paule Aimard

Les débuts du langage chez l'enfant

DUNOD

ISBN 2 10 00 2890 1

Table des matières

Avant-propos

Le langage de l'enfant a suscité un intérêt exceptionnel tout au long des dernières décennies du XXe siècle. Non qu'il ait été ignoré jusque là. Mais, dans les années qui ont suivi la Seconde Guerre mondiale, certains thèmes se sont trouvés au centre de l'attention générale (développement de l'enfant, petite enfance, communication notamment), des thèmes dont le langage est le point commun, et même, peut-on dire, le point fort.

Les progrès de différents domaines des sciences humaines ont amené à être plus attentif, à mieux écouter, comprendre, décrire les débuts du langage et ses liens avec tout ce qui s'élabore en même temps chez l'enfant, dès la toute petite enfance, dans ses interactions avec autrui.

C'est ainsi qu'il existe une foule d'études, d'analyses, d'explications sur le début du langage. Il est souvent difficile de s'y retrouver ; certaines sont trop spécialisées, d'autres simplistes. Nous proposons ici un ouvrage d'orientation plutôt pratique, destiné à tous les adultes qui s'intéressent au langage de l'enfant sans être spécialistes de la question : parents, gardes, personnel de crèche et d'école maternelle et encore d'école élémentaire tant on sait que les problèmes de langage ne sont pas tous résolus avant l'entrée à l'école. Il s'adresse à ceux que leur intérêt pour l'enfant incite à écouter, apprécier, noter ce qui progresse ou au contraire pose problème, à ceux qui s'interrogent sur les « pourquoi » et les « comment », à ceux encore qui cherchent à se comporter le mieux possible pour aider l'enfant sur le chemin du langage et ne savent pas toujours comment s'y prendre.

Ils ne trouveront ici ni recettes, ni mode d'emploi mais plutôt des points d'ancrage, des pistes qui les aideront à se repérer mieux, à mettre un peu d'ordre dans les données qu'ils ont pu glaner par ailleurs et à adapter leur propre façon de faire.

1

Une galerie de portraits

Nos références à tous

Nulle intention d'imposer « à tous » une façon de voir le langage, encore moins de l'expliquer. On peut aborder le langage de tant de façons ! Chacun, selon sa formation initiale, le voit plutôt en psychologue, en linguiste, en neurobiologiste, ou encore avec une orientation pragmatique. Cette diversité contribue à la richesse des échanges que l'on peut avoir autour des questions de langage. Richesse qui nous submerge parfois. Avec l'essor des recherches et des connaissances dans différents domaines des sciences humaines, avec les développements que prennent les neurosciences, il est impossible depuis longtemps qu'un seul individu, quels que soient sa formation et son travail personnel, puisse maîtriser tant de données.

Nous nous trouvons, les uns et les autres, devant un foisonnement d'idées autour du langage et des sujets qui en sont proches et nous intéressent ici : l'éducation de l'enfant et la pédagogie. De plus, chaque discipline est elle-même de plus en plus spécialisée et subdivisée. Les théories d'hier sans être forcément « fausses » sont détrônées par de nouveaux modèles.

Ces différentes voies de la recherche nous intéressent (« nous » représente ceux qui œuvrent sur le terrain), même si nous ne nous rangeons sous aucune bannière théorique. Elles aident à comprendre, même si les discussions qu'elles suscitent semblent parfois vaines et aussi rébarbatives que leurs étiquettes, toutes ces terminaisons en « ismes », « iques » et autres.

Cette pluridisciplinarité est obligée, comme le sont ses différents jargons. Le langage est si spécifique de la nature humaine et de l'être humain en développement, situé, dans son cadre familial et social, que l'on va forcément avoir recours à différents angles d'approche pour saisir son fonctionnement. Il faut tenir compte des points de vue linguistiques (tant de différentes écoles ou tendances), socio-linguistiques, psychologiques (développemental), psychodynamique (et psychopathologique), neurobiologique, culturel, sociologique, éthologique... et j'en oublie !

Cette énumération, bien incomplète, ne doit décourager personne. Plutôt que de résumer une fois encore ces théories, je propose une autre formule : aborder autrement le fonctionnement du langage et ce que l'on peut en comprendre aujourd'hui.

L'idée est simple. Nous possédons les uns et les autres un stock de références acquis au cours des études et dans notre pratique professionnelle. Ce bagage est inégal : certains connaissent bien par exemple le développement du langage au cours de la première année, ou le système phonétique, d'autres les aspects socioculturels. Nous allons nous donner un *bagage commun* minimum.

Pour cette mise en commun, un handicap nous gêne tous, même si l'on fait semblant de s'en accommoder : les publications écrites sont souvent difficiles à comprendre ; elles ont leur vocabulaire propre et ne s'adressent souvent qu'à un petit cercle d'initiés. Bien des disciplines ne nous sont accessibles que par l'intermédiaire de traduction en français de leur texte français. Combien, en leur temps, ont été comblés par le *Jacques Lacan* d'Anita Rifflet-Lemaire[1], une réécriture à peu

1. Rifflet-Lemaire A., *Jacques Lacan*, Éd. Dessart, 1970.

près accessible pour tous ceux qui n'étaient pas arrivés à franchir les premières pages des *Écrits* tout en brûlant d'envie d'en saisir la nouveauté. Aucun de nous ne peut se trouver à l'aise à la fois dans les textes de psychanalyse, de linguistique et de psychologie cognitiviste... pour ne citer que les plus classiques. Combien sont passés par de petits manuels comme *Lire Piaget*, plutôt que de plonger dans ces énormes ouvrages.

Alors survient un autre écueil : la plupart des idées et des théories nous sont accessibles par des intermédiaires. Nous les connaissons à partir de cours, d'articles qui sont souvent des résumés, des mises en formes « faciles », comme dans les revues de vulgarisation dont les inter-titres sont plus proches du jargon publicitaire que de la précision scientifique.

Le risque encouru devant tant de théories difficiles à dominer, avec leurs néologismes et leurs concepts particuliers, est de transmettre quelque chose de rigide et non vraiment maîtrisé. C'est fréquent, je vous l'assure, dans beaucoup de domaines. Lisez ou relisez les comptes-rendus des psychologues, et pour que ceux-ci ne se sentent pas seuls visés, lisez également les articles de certains linguistes, de psychologues cognitivistes, parcourez simplement le sommaire de revues spécialisées. Tout semble là pour nous décourager : complexité, difficulté, opacité, jargon... et cependant, notre « langue de bois » nous vaut parfois des perles rares ! Vous connaissez certainement cette histoire qui se passe à New York[1] :

Deux femmes se rencontrent dans un supermarché. L'une est gaie, l'autre triste. La première :
—... des soucis ?
— Eh bien, pour tout vous dire, c'est mon petit Jimmy !
— Ah ! qu'est-ce qu'il a ?
— Rien, son professeur nous a dit de le mener chez un psychiatre.
(Un temps.)
— Bon. Qu'est-ce qu'il y a de mal à ça ?

1. Koestler A., *Le Cri d'Archimède,* Paris, Calmann-Lévy, 1965.

— Ma foi, rien. D'après le psychiatre, il a le complexe d'Œdipe.
(Un temps.)
— Et alors ? Œdipe ou pas Œdipe, moi je ne m'inquiéterais pas, pourvu qu'il soit gentil et qu'il aime sa maman !

Luttant depuis bien longtemps contre tout ce qui s'apparente à « idées reçues » et « langue de bois », je vous propose donc d'aborder de façon différente ce qui s'appelle, dans un livre, « la partie théorique ». Nous allons parcourir ensemble une galerie de portraits.

J'ai sélectionné quelques personnages qui sont comme les piliers de l'histoire du langage ou des connaissances sur le langage. Chacun est un initiateur, un chef de file, dont la contribution est irremplaçable dans son domaine. Comme on présente, dans d'autres domaines, « dix personnages qui ont fait la France » ou « les grands noms de la musique ».

Autour de chaque nom, un domaine dont j'essaierai de résumer les développements jusqu'aux connaissances d'aujourd'hui. Chaque portrait-titre se détache sur la toile de fond d'une foule d'autres noms – certains très connus, d'autres « seconds rôles » irremplaçables eux aussi – que je ne citerai pas tous car ce serait folie que de prétendre n'oublier personne.

Nous reviendrons à ces références communes tout au long de ce livre : l'acquisition du langage, les troubles du langage, l'aide que l'on propose à l'enfant ne se comprennent qu'à la lumière de ces connaissances de base.

Paul Broca, des bases anatomiques (1824-1880)

Pourquoi Broca ? En 1861 – oui, avant même la découverte du vaccin de la rage ! – Broca apparaît comme le découvreur de la localisation cérébrale du langage. Comme toute grande découverte celle-ci survient dans un bouillonnement de travaux, préparée par l'idée des localisations cérébrales de Le Gall.

Broca, neurologue à la Salpêtrière à Paris, est étonné de ce que l'un de ses patients a perdu depuis vingt et un ans l'usage de la parole articulée et ne produit plus qu'une syllabe, « tan », alors qu'il semble comprendre ce qu'on lui dit. À l'autopsie du cerveau, des lésions massives de l'hémisphère gauche, principalement dans la région frontale, montrent l'origine indiscutable de ce que Broca appelle alors l'*aphémie*, « la faculté de coordonner les mouvements propres au langage articulé ». Broca publie la même année, à la Société d'anthropologie, le cas d'un second patient aux troubles analogues dont l'autopsie révèle une lésion beaucoup plus circonscrite : le rôle de la troisième circonvolution frontale dans ces aphasies de production est la première étape dans les découvertes sur l'anatomie fonctionnelle du langage.

Deuxième étape : trois ans plus tard, Broca rapporte le cas de huit patients qu'il a personnellement étudiés présentant une « aphémie » et des lésions de la troisième circonvolution frontale, mais il note, observation nouvelle, que les lésions cérébrales se situent toujours dans l'hémisphère gauche. Voilà lancés, il y a près d'un siècle et demi, deux thèmes majeurs : localisation cérébrale et dominance hémisphérique gauche.

Une dizaine d'années après Broca, un neurologue allemand, Wernicke, observe des patients dont les troubles diffèrent de ceux décrits par Broca : il ne s'agit pas de réduction du langage – au contraire, certains sont même logorrhéiques, mais ils produisent un jargon souvent dépourvu de sens. Chez eux les lésions cérébrales se situent dans la région postérieure du lobe temporal gauche.

Ces deux grands modèles initiaux ont gardé le nom de leur découvreur, tant pour la forme clinique que pour le territoire cérébral responsable : aphasie de Broca et territoire de Broca pour les troubles de production, aphasie de Wernicke et zone de Wernicke. À partir de ces deux schémas ont été décrits de très nombreux types particuliers et bien des nuances concernant la localisation. Mais ces découvertes restent une base. On ne peut s'empêcher d'être étonné – et modeste – devant la précision et la justesse des descriptions cliniques anciennes auxquelles bien souvent les moyens d'investigation contemporains n'ont guère ajouté. Le nom de très grands neurologues est attaché aux recherches de tout un siècle sur l'aphasie de l'adulte. Parmi les principaux thèmes qui ont cheminé depuis, on peut citer :

– tout n'est pas toujours aussi limpide que dans les descriptions initiales ;
– les premières découvertes sur les localisations corticales ont rapidement été nuancées (dès 1906, Pierre Marie) : les lésions corticales ne sont pas seules en cause, des structures sous-corticales (les noyaux gris centraux, le noyau coudé, le thalamus) sont parfois aussi à l'origine de troubles aphasiques, qu'elles-mêmes soient lésées ou qu'il s'agisse des voies associatives entre zones corticales et sous-corticales ;
– nuances aussi sur la spécialisation hémisphérique, qui s'est révélée bien plus complexe que le strict schéma initial.

Les moyens d'investigation d'aujourd'hui

Broca et ses contemporains disposaient en tout et pour tout de l'étude clinique et de l'observation anatomo-pathologique du cerveau à l'œil nu, au scalpel. Le microscope permettait de mieux voir, mais tout cela intervenait *post mortem.*

Les moyens d'investigation actuels permettent de *voir* ce qu'avaient décrit les pionniers et de le voir sur un être vivant. Ils sont utilisés en neurologie, confirmant et précisant le diagnostic clinique (il faut dire et répéter aux plus jeunes, fascinés par la technologie disponible, que celle-ci ne remplace pas l'étude clinique mais doit être interrogée en fonction de ce que montre le bilan clinique), ainsi que dans la recherche en neuropsychologie du langage.

Les techniques déjà anciennes, radiographie, scanographie, enregistrement électro-encéphalographique, conservent leurs indications. Je me limite à citer les différentes techniques d'imagerie cérébrale dont les résultats exercent une fascination absolue, que tous ont peu ou prou éprouvée au hasard des articles de vulgarisation que diffuse régulièrement la grande presse :

– exploration neuro-isotopique : l'injection d'un isotope radioactif dans l'organisme permet de visualiser l'activité métabolique cérébrale, produisant une imagerie physiologique et fonctionnelle. Différentes régions sont activées selon les tâches effectuées, par exemple : mots entendus, mots vus, émis ou pensés ;
– techniques d'imagerie par résonance magnétique nucléaire, IRM ;
– tomographie par émission de positons.

Outre leur intérêt médical, ces images exercent sur tous un effet de séduction. Dans des recherches bien conduites elles nous mettent sous les yeux en même temps les localisations les plus précises (par exemple quel point exactement est activé dans les tâches énumérées ci-dessus : mot entendu, vu, etc.) et la globalité des activations (des jaillissements dans tout le cerveau dès qu'un violoniste pose l'archet sur ses cordes). On a pu penser qu'en « voyant » on allait mieux comprendre. On découvre au contraire de nouvelles complexités. Comprendre est autre chose.

Données anatomo-physiologiques

Tout échange de parole s'inscrit dans le fonctionnement de plusieurs organes : sensoriel, cérébral, moteur, en un jeu circulaire dont le cheminement est aujourd'hui bien connu. Nous venons de parler du cerveau, il nous faut voir dans son ensemble ce circuit fonctionnel dans lequel chemine le langage.

Quels organes interviennent lorsque nous parlons ? Deux pôles, que l'on peut dire périphériques : d'un côté l'oreille, de l'autre les organes de la phonation, en association étroite avec cette partie centrale qu'est le système nerveux central.

L'oreille reçoit le message sonore. Les vibrations du tympan sont transmises, dans l'oreille moyenne, par la chaîne des osselets jusqu'à l'oreille interne : jusqu'à la cochlée, qui est l'organe de l'audition. Celui-ci est formé des cellules de Corti, cellules nerveuses dont les fibres constituent le nerf auditif, la huitième paire de nerfs crâniens ; ses terminaisons rejoignent des relais pédonculaires et thalamiques, eux-mêmes reliés au cortex cérébral.

Les projections auditives aboutissent à la partie du cortex cérébral appelée « cortex auditif » qui occupe la partie supérieure et interne de la première circonvolution temporale, notamment la région du *planum temporale*. Depuis le son perçu jusqu'à cette étape cérébrale, nous suivons la réception de la parole, une fonction sensorielle qui implique aussi la perception, le classement, la reconnaissance, la compréhension des phénomènes sonores entendus et même leur mémorisation.

Le *cortex auditif* est en corrélation très étroite avec les territoires cérébraux du langage dont la topographie et la spécialisation sont bien connues, depuis déjà le siècle dernier, grâce à l'analyse clinique des différents aspects de la pathologie du langage chez l'adulte.

L'aire de Broca occupe une partie de la troisième circonvolution frontale, dans le cortex moteur ; la région de Wernicke une partie des circonvolutions temporales (à proximité des projections auditives) ainsi qu'une zone carrefour entre cortex temporal, visuel et pariétal.

L'émission de la parole, dans ses aspects moteurs dépend d'une partie de la frontale ascendante, zone de représentation de la face, à proximité de celle de la main (*cf.* le schéma du petit bonhomme à grande bouche et pouce démesuré de nos livres de biologie). C'est l'ensemble de ces régions corticales qui interviennent lorsqu'on parle. Il ne s'agit pas simplement de prononcer des sons et des mots ; ce que l'on énonce a une réalité avant ou en même temps que cheminent, par les voies nerveuses effectrices, les stimulations qui, après plusieurs relais sous-corticaux, vont faire fonctionner les différents *organes périphériques* dont la synchronisation permet de parler : muscles respiratoires, cordes vocales, cavité nasale et surtout buccale, où la position et les mouvements de la langue et des lèvres vont modeler les sons produits.

Lorsqu'on parle, on s'entend parler et, depuis les tout débuts, il se crée des associations indélébiles entre le son ou le mot que l'on prononce – avec tous les mouvements fins et complexes que nous produisons inconsciemment – et sa forme acoustique. En une boucle audition-phonation.

Ces grandes lignes concernent le langage oral. Le circuit de fonctionnement est analogue pour le langage gestuel : le message emprunte la voie visuelle, les commandes motrices activent mains et mimique. De même, pour le langage écrit, un peu plus complexe il est vrai du fait des associations langage-graphisme : le message est visuel, les voies effectrices sont celles des organes de la phonation en lecture à haute voix, les voies motrices de la main lorsqu'il s'agit d'écriture. Cette simplicité n'est qu'apparente ; elle ne doit pas masquer la grande complexité des associations qui interviennent entre différents territoires, différentes fonctions.

L'asymétrie fonctionnelle des *hémisphères cérébraux* pour le langage est une question qui a fait couler beaucoup d'encre et créé bien des conflits. Depuis Broca, il est admis par tous que les territoires du langage sont localisés dans l'hémisphère gauche, l'hémisphère droit assumant pour le langage uniquement des fonctions prosodiques et certaines tâches lexicales. La dominance hémisphérique gauche pour le langage va de pair avec la droiterie manuelle, puisque les voies motrices sont croisées. Des lésions hémisphériques gauches entraînent chez l'adulte droitier, outre une hémiplégie droite, des déficits ou altérations du langage (aphasies) plus nets et plus globaux que chez les gauchers ou ambidextres, dont la spécialisation hémisphérique serait moins absolue.

Une meilleure connaissance des déficits ou des difficultés de langage de l'enfant liés à une lésion neurologique a apporté des précisions sur la spécialisation hémisphérique pour le langage. Il existe plusieurs faisceaux d'arguments.

- lorsque survient une lésion cérébrale localisée à un hémisphère au tout début de la vie, en tous cas avant que le langage ne soit constitué (c'est le cas d'enfants infirmes moteurs cérébraux), les difficultés de langage ne diffèrent guère avec le côté de la lésion. Des lésions affectant les territoires du langage de l'hémisphère gauche entraînent une gêne mais n'empêchent pas l'acquisition du langage ;

- la survenue d'une aphasie très tôt dans la vie (par traumatisme crânien, affection vasculaire ou infectieuse) n'a pas du tout la même évolution que chez un adulte. Il existe en effet à peu près toujours, chez l'enfant, une récupération du langage dont l'acquisition avait commencé et cela d'autant plus vite que l'enfant est plus jeune. Pour un enfant de dix ou douze ans, l'évolution se rapproche de plus en plus de celle de l'adulte, avec récupération très lente et imparfaite ;
- un argument encore : on est amené à pratiquer, dans des cas tout à fait exceptionnels, notamment la persistance de foyers épileptiques entraînant des crises sévères rebelles à toute thérapeutique, une intervention neurochirurgicale appelée une hémisphérectomie. Il s'agit de l'ablation d'un hémisphère cérébral, geste dont on peut penser qu'il va tout bouleverser. À l'étonnement général, on observe alors des capacités de récupération et de suppléance insoupçonnées. On pratique parfois aussi, dans les mêmes indications, une ablation du cortex d'un côté. Contre toute attente de tels gestes n'ont pas de conséquences nettement distinctes selon que l'on a enlevé le côté droit ou le gauche.

La confrontation de ces données, dans des cas de pathologie sévère chez l'adulte ou chez l'enfant, met en lumière une différence essentielle : chez l'adulte les territoires du langage sont fixés, ils sont le siège de fonctions qui, en cas de lésion, ne peuvent être assumées ailleurs, alors que chez l'enfant jeune – et d'autant plus qu'il est plus jeune – rien n'est encore figé, la spécialisation des territoires cérébraux est potentielle. C'est en ce lieu que vont être mémorisées et traitées toutes les informations de langage, mais la plasticité cérébrale est telle que, si ces territoires sont lésés, d'autres vont fonctionner à leur place, généralement leur symétrique dans l'autre hémisphère. Le fonctionnement sera un peu moins parfait mais l'essentiel sera assumé.

La spécialisation cérébrale et sa localisation dans l'hémisphère gauche apparaissent donc comme une potentialité qui va se préciser au fil des années jusqu'à devenir le lieu unique, irréversible, sans compensation possible, particulièrement chez les droitiers stricts. Même si son devenir est aléatoire, la vocation de l'hémisphère gauche pour le langage est clairement inscrite dans le cerveau humain. Des recherches anatomiques et histologiques ont montré que le *planum temporale* est plus développé dans l'hémisphère gauche, différence déjà sensible chez le fœtus (Geshwind et Galaburda).

Après ces détours qui s'appuient sur des éléments pathologiques auxquels on est rarement confronté dans la vie scolaire, résumons quelles incidences pratiques peuvent être retenues pour des enfants « courants » :

– le lien gaucherie manuelle ou latéralisation inharmonieuse et difficultés de langage ;
– les problèmes d'audition. Les surdités profondes ont à peu près toujours été décelées avant l'âge de l'école. Mais il n'est pas rare que des hypoacousies plus ou moins importantes soient décelées à l'école : faire vérifier l'audition des enfants qui semblent très inattentifs, qui ne comprennent pas les consignes, qui semblent peu réagir aux bruits de la vie quotidienne et penser aussi à tous les épisodes auditifs transitoires si fréquents dans ces années de la vie : otites, épisodes rhino-pharyngés entraînent des périodes plus ou moins longues d'hypoacousie dont l'incidence est indiscutable sur l'élaboration du langage.
  Certaines difficultés auditives sont de nature plus complexe, portant sur l'attention auditive, la perception des phénomènes sonores (l'audition est objectivement normale mais il y a des difficultés à identifier les sons, à les comparer, à reconnaître leur origine, leur sens) ;
– au niveau moteur, les difficultés peuvent se limiter à la région bucco-faciale ou affecter la motricité dans son ensemble. Il en résulte, comme nous le verrons dans le chapitre III, des troubles d'articulation, de parole, un bégaiement ;
– aborder les problèmes liés au « niveau supérieur » fait référence aux troubles du langage les plus difficiles à analyser, ceux que l'on appelle dysphasies de l'enfant, dans lesquels interviennent : attention, mémoire, évocation, lenteur du traitement de l'information, difficultés d'apprentissage, troubles perceptifs ou praxiques sur lesquels nous reviendrons.

Antoine Grégoire, les moyens d'étude

Comment étudier l'acquisition du langage et le langage à ses débuts ? Les réponses sont multiples. Elles suivent pour une part les progrès techniques. Pensons aux étapes : avant et après le magnétophone, avant et après le caméscope.

Antoine Grégoire a été l'initiateur d'une attitude méthodologique qui devait se montrer extrêmement productive par la suite. Une attitude exemplaire même si nous disposons aujourd'hui de moyens d'étude plus techniques. Grégoire publie à la Bibliothèque de la faculté de philosophie et de lettres de l'université de Liège, cn 1937, un texte alors totalement nouveau qu'il appelle tout simplement : « L'apprentissage du langage ». Un premier volume de près de trois cents pages est consacré aux deux premières années, un second volume de près de cinq cents pages, paru en 1947, concerne la troisième année et les années suivantes.

Il déplore, dans l'introduction de son livre, que les chercheurs d'élite étudient avec minutie « les gestes infimes des insectes, guêpes, fourmis... », ignorant la richesse des observations que peut faire celui qui a « vécu au jour le jour, heure par heure, dans la société des nourrissons ». Dans ces deux gros volumes, il met à notre disposition une mine d'informations en notant fidèlement les productions de ses deux fils, Charles et Edmond, nés respectivement en 1903 et 1905. C'est la première étude minutieuse, documentée et compétente qui commence, à peu près comme nous le faisons aujourd'hui, aux « trois premiers mois ». Il livre ses commentaires sur ses notes manuscrites, prises au jour le jour, même heure par heure, avec l'oreille et la compétence d'un phonéticien et d'un grammairien, d'un père exceptionnellement disponible (sa chance laisse rêveur et envieux : plusieurs heures par jour entièrement consacrées à ses enfants). Un travail de bénédictin dont aujourd'hui encore on admire la justesse et l'intuition. L'idée de tout noter depuis le début était bien plus novatrice qu'on ne peut l'imaginer aujourd'hui.

Grégoire n'est pas totalement isolé ; avant lui Stern (1928) a publié le même genre d'observation pour l'acquisition de l'allemand, puis Léopold (1939) pour un enfant bilingue et plusieurs autres, avec parfois l'intention de comparer l'acquisition de plusieurs langues.

Cette façon de tout noter est largement utilisée, au fil des années, par des chercheurs de différentes spécialités qui étudient les productions de leur propre enfant (Nicolas-Gentoux C., 1980), en les notant ou les enregistrant au magnétophone.

Les moyens d'étude sont multiples et évoluent

Entre 1960 et 1980 les idées concernant la communication, les relations interpersonnelles, les moyens de communication non verbaux en même temps que verbaux, ont incité à adopter un angle plus large, non strictement centré sur le langage, empruntant aux méthodes de *l'éthologie humaine*. On observe et essaie de comprendre les comportements et le langage dans leur contexte : non pas un bébé dont on a enregistré les vocalises au magnétophone, mais un bébé que l'on regarde discuter avec l'adulte et ses proches. Un large public, séduit par l'image de Konrad Lorenz suivi d'une queue-leu-leu de canetons, se trouvait prêt à adopter l'approche « totale » de H. Montagnier (1978) enregistrant et analysant les interactions de jeunes enfants à la crèche, puis celle de B. Cyrulnik (1991), ainsi que celle des nombreux chercheurs qui ont entouré Irène Lézine et Mira Stambak (1982).

L'étude du langage est prise en bloc dans celle des comportements de communication, à travers des scénarios (enregistrés ou observés et notés) dans lesquels chaque partenaire a sa place. Le langage se trouve pris – et étudié – dans tout un réseau de communication.

Cette approche globale semble très loin des moyens d'étude centrés strictement sur le langage comme celle des linguistes. Une *étude linguistique* peut adopter différents points de vue. Elle peut être longitudinale, comme celle de Grégoire (*op. cit.*), en consignant les productions d'un ou plusieurs enfants pendant une durée donnée, et prendre en compte l'ensemble des productions ou se fixer un objectif précis : l'évolution de la forme négative ou l'apparition du futur, par exemple.

Elle peut-être transversale, en choisissant un thème d'observation chez un certain nombre d'enfants à tel âge. Soit cinquante enfants de trente mois, j'étudie l'apparition des pronoms personnels ou les différentes formes de questions qu'ils formulent. Une méthode proche : je compare deux groupes contrastés, par exemple l'apparition des pronoms personnels chez des enfants de milieux favorisés et chez d'autres, qui ont des difficultés pour s'exprimer.

Ces études linguistiques peuvent porter sur les différentes structures de la langue :

– le système phonétique (il s'agit alors souvent de thèmes très ponctuels, comme l'apparition de voyelles nasales dans tel groupe d'enfant de telle région) ;
– la grammaire et la syntaxe ;
– la longueur moyenne des énoncés (en anglais MLU = *mean lenghth of utterance*, dans des travaux classiques des années soixante de R. Brown, C. Fraser, U. Bellugi (1969) sur l'acquisition du langage au cours des premières années).

Il s'agit d'identifier dans les premiers énoncés de l'enfant, comme dans les phrases construites des adultes, un certain nombre de mots (ou morphèmes). L'étude longitudinale des productions pendant les premières années permet – si l'on arrive à délimiter des mots au sein des énoncés – de chiffrer une progression qui peut servir de référence.

C'est ainsi que l'une des premières recherches de R. Brown (1973) faisait état de progrès successifs, depuis une première étape – énoncés de 1,75 morphèmes – jusqu'à une quatrième étape – énoncés contenant quatre morphèmes. Il fut vite admis que l'appréciation de la longueur moyenne des énoncés est une donnée peu fiable. Dès les premières publications, R. Brown souligne que l'âge de ces étapes est très variable (par exemple le premier niveau est atteint à 16 mois pour un enfant, 26 mois pour d'autres, jusqu'à 42 mois parfois).

S'exerce-t-on à ce repérage avec des enfants de deux à cinq ans on a très souvent le sentiment que l'enfant produit un « morceau » de discours non découpé, ni découpable en mots. Il n'est pas facile de compter les mots dans des formes comme :

– *apapapou*, que nous traduisons : « Il n'y a pas de pantoufles » ou : « Je ne trouve pas mes pantoufles »,
– ou *télébé* : « La chaise est tombée » ou : « Pourquoi la chaise est tombée ? »

Un énoncé d'un seul mot peut en dire long, comme chez cet enfant de deux ans :

> C'est le début de l'été, Aurélien n'est pas venu à la campagne depuis très longtemps. Lorsqu'il arrive, le soir, on raconte avec enthousiasme que les framboises sont mûres ; il y en a beaucoup ; il va se régaler demain. Il écoute, réfléchit, puis d'un geste décidé m'entraîne par la main en disant :
> – Voir !
> ce qui signifie tout simplement : « on va voir », « je vais voir » ou « viens voir » !

Cet exemple montre qu'il n'est pas facile de décider quel critère est pertinent. Le fait qu'il s'agit d'une phrase ? sa longueur ? On n'est pas très avancé si l'on ne connaît ni les interlocuteurs, ni la situation, ni ce qui est dit juste avant.

Malgré toutes ces réserves, la mesure de la longueur moyenne des énoncés a servi de modèles à de nombreux travaux, comparant par exemple enfants qui se développent normalement et enfants retardés (trisomiques notamment), comparant la longueur moyenne des énoncés dans le discours maternel en fonction de différentes variables, comme enfant parlant normalement et enfant en retard pour parler, milieux sociaux contrastés, etc.

Qu'il s'agisse du tout début de l'acquisition (les premières vocalises) ou de langage à peu près constitué, les recherches hésitent entre deux extrêmes : est-il préférable d'observer ce que l'enfant produit spontanément ou de construire des situations expérimentales ?

Les comportements linguistiques spontanés

L'accord est général : il est bien plus intéressant de travailler sur des productions que l'enfant a émises spontanément, sans contrainte, sans situation artificielle. Mais on se heurte alors à d'infinies difficultés. Même si l'on dispose de longs moments pour observer ou enregistrer l'enfant, il arrive qu'il ne se passe rien au cours des moments prévus. Cela arrive à tout âge, depuis le bébé de quelques semaines jusqu'à l'enfant qui sait parler. Ceux qui privilégient ces conditions d'observation savent qu'il faut être patient, se faire admettre par l'enfant, introduire des jeux… comme si tout était naturel. Il n'empêche que la situation n'est jamais tout à fait normale. La tâche est plus simple lorsque c'est l'un des parents qui mène la recherche ; tous notent cependant qu'au bout d'un certain temps l'enfant sent que l'on s'intéresse à son langage : coup d'œil vers le magnétophone, voire questions : « Tu le notes, ça ? »

Pour banaliser la situation, des chercheurs britanniques désireux de récolter réellement « tout » ce que produisent des bébés pendant plusieurs mois ont créé un matériel léger et résistant, s'apparentant au micro-cravate, auquel l'enfant ne prête rapidement plus attention. Encore faut-il qu'un adulte note le contexte. À quelle occasion le bébé a-t-il émis telle ou telle production ? Il faut aussi disposer d'un temps considérable pour relever, classer, analyser les données ainsi réunies.

Les conditions de production spontanée ou à peu près spontanée sont généralement préférées ; elles ne fournissent cependant pas toujours une idée juste sur le niveau linguistique de l'enfant. Lorsque vous jouez avec un enfant de trois ou quatre ans qui parle normalement, les phrases qui accompagnent le jeu sont souvent des énoncés assez pauvres, de structure peu variée : vous jouez au garage, l'enfant produit beaucoup d'onomatopées, des questions banales pour demander de l'essence, laver la voiture, mais vous n'aurez pas un échantillon représentatif de tout ce qu'il est capable de dire.

Les moyens d'étude expérimentaux

Ils viennent compléter ces données. Ceci dès le premier âge. Nous avons tous ressenti un étonnement amusé et un peu d'inquiétude devant les expériences dites de « succion non nutritive » qu'utilise, par exemple, Jacques Melher (1976). Il les décrit ainsi : « On place dans la bouche d'un bébé une tétine munie d'un capteur de pression qui mesure l'amplitude ainsi que le nombre de succions par unité de temps. Cette mesure permet d'évaluer l'intérêt qu'il porte à une stimulation. On exploite ainsi sa tendance spontanée à s'intéresser à ce qui est nouveau. » Les modifications enregistrées par le capteur de pression relié à la tétine s'accompagnent d'autres manifestations associées : un stimulus intéressant ou agréable entraîne des réactions motrices (orientation de la tête, du regard) et physiologiques (rythme cardiaque, électroencéphalogramme). L'expérimentation exploite une notion bien connue : l'intérêt du bébé pour la voix humaine.

L'un des premiers montages présenté par J. Melher portait sur des bébés de quatre à six semaines qui reçoivent trois types d'enregistrements présentés pendant vingt secondes chacun :
- la voix maternelle. La mère parle au bébé, avec une voix à la tonalité normale mais sans dire son prénom et en dehors de sa présence ;
- la voix maternelle lisant un texte sans signification ;
- une voix étrangère.

Aucune réaction du bébé qui entend une voix étrangère, aucune réaction non plus à la voix maternelle non intonée. L'enfant semble percevoir essentiellement les éléments mélodico-rythmiques de la parole maternelle. On peut imaginer toutes les variantes possibles à ce mode d'expérimentation. Les exemples les plus connus portent sur la perception des phonèmes de la langue maternelle alors que les phonèmes d'une langue étrangère n'entraînent aucune réaction.

Parmi les montages qui tentent de mettre l'enfant en situation de parler ou d'explorer tel ou tel type de production, certains utilisent :

– livres ou images : on raconte ou lit ensemble, puis dans le fil de l'interaction l'enfant est amené à parler lui-même. Les images peuvent être utilisées pour montrer, pour réaliser des séquences organisées dans le temps, pour organiser des groupements (les fruits, les animaux, ce qui se mange, féminin, masculin, etc.) ;
– manipulation de jeux ou de petits objets. Ces situations vont des formules les plus libres à des scénarios très codifiés dans lesquels l'adulte introduit des consignes testant la compréhension, et l'on évalue alors des notions précises (« Veux-tu me donner le petit chien noir qui dort sous la table ? ») ainsi que des questions qui impliquent des transformations, même parfois des transformations artificielles.

> Je cite M. Richelle (1981), qui consacre de nombreuses pages aux méthodes dans un ouvrage sur l'acquisition du langage :
> « Si l'on souhaite s'assurer que les formes fournies ne soient pas le produit d'une simple imitation, mais résultent de l'application de règles, on peut soumettre aux sujets des logatomes, c'est-à-dire des mots fictifs dont la formation respecte cependant les règles phonologiques de la langue en cause. Ainsi, sur le modèle de l'étude de Berko (1958), on dira à l'enfant : "Tu vois, ce monsieur, il [pim] tout le temps ; il [pim] maintenant : tout à l'heure, il [pimra encore] ; hier, à ton avis, qu'est-ce qu'il a fait ?"»

Il faudrait encore se demander qui a besoin de ces moyens d'étude. Les moyens historiques – comme le témoignage de Grégoire – existent et sont disponibles pour tout le monde. On peut dire qu'actuellement, *grosso modo*, tout a été décrit, même s'il reste des points précis capables d'exciter la légitime curiosité des chercheurs.

Les moyens d'évaluation

Indépendamment de la recherche, on doit aussi s'intéresser à *des moyens d'évaluation*. Possédant des repères courants concernant le langage normal, on a besoin parfois d'évaluer le langage d'un enfant. Qui en a besoin ? Les adultes qui s'occupent de l'enfant : les parents, en premier lieu, lorsqu'ils sont attentifs à ces questions, les adultes de la crèche, les enseignants, les pédiatres... tous ceux qui s'interrogent lorsque les acquisitions ne semblent pas normales. Les repères donnés dans le chapitre suivant permettent une première évaluation. Lorsqu'existe un doute sur le langage, il est indiqué de demander l'avis du pédiatre ou du médecin scolaire. Ceux-ci disposent d'un matériel qui permet un repérage[1]. S'ils constatent un problème, ils demandent l'avis d'un spécialiste du langage qui dispose de tests de langage et peut faire le tour des questions obligées, notamment celles qui concernent l'audition[2].

Basil Bernstein et la sociolinguistique

Bernstein a publié à partir de 1958 les grandes lignes de ces travaux de sociolinguistique[3] (Bernstein, 1975) sur les inégalités linguistiques des enfants issus de milieux sociaux très contrastés. Il ne s'agit pas à proprement parler d'une découverte ; lui-même cite quelques devanciers, comme souvent lorsqu'un thème émerge de travaux jusque-là dispersés. Bernstein, le premier, réunit des données suffisamment éloquentes et propose un modèle d'ensemble qui a été largement repris et controversé par la suite.

Bien qu'elle reste d'une extrême actualité, cette étude doit être située dans son époque et dans son contexte. Bernstein parle du handicap linguistique (on discutera âprement ce terme de « handicap » : ne s'agit-il pas plutôt d'un « niveau » de

1. Notamment la version récente (1994) de l'ERTL 4 : Épreuves de repérage des troubles du langage utilisables lors du bilan médical de l'enfant de quatre ans. Cette épreuve, de passation rapide, a été mise au point grâce à la collaboration de pédiatres et orthophonistes de la région de Nancy. Informations auprès de Brigitte Roy, 22 rue de Metz, 54000 Nancy.

2. Aimard P., Morgon A., *Approche méthodologique des troubles du langage de l'enfant*, Paris, Masson, 1983.

3. Groupe de recherche sociologique. Institut d'éducation, Université de Londres.

langue ou d'une autre forme de langage ?) des enfants de la classe ouvrière (« *working-class* », et plus précisément la fraction inférieure de cette classe : « *lower-working-class* ») britannique des années qui ont suivi la Seconde Guerre mondiale, opposé au langage des enfants de la classe bourgeoise (« *middle-class* »). Le paysage social s'est modifié ; on peut admettre que l'intérêt de Bernstein s'est fixé sur les deux franges extrêmes de l'échiquier social. Les travaux qui se sont multipliés depuis, dans différentes langues et différents groupes sociaux, emploient plutôt les termes : milieu favorisé ou défavorisé. « Défavorisé » laisse beaucoup de marge, le milieu peut être défavorisé de bien des façons : intellectuellement, culturellement, économiquement, linguistiquement. C'est à une pauvreté globale que correspond la classe « populaire » étudiée par Bernstein, la frange extrême des plus défavorisés, une population qui se retrouve tout autour du monde. Ce choix des plus défavorisés explique les résultats très contrastés de Bernstein. De nos jours, ce groupe des plus défavorisés est souvent aussi celui du bilinguisme, une grande question qui mériterait à elle seule des développements nuancés.

Les travaux de Bernstein ont été motivés par un constat essentiel : « l'échec scolaire puis, secondairement, la déviance (indiscipline scolaire et délinquance) des enfants les plus défavorisés ». Là aussi les termes ont changé, mais ces préoccupations sont les nôtres. Cherchant à expliquer le taux d'échec scolaire actuel, nous évoquons crise de société, baisse du niveau de l'enseignement, désintérêt pour le savoir traditionnel… et, en relisant Bernstein, nous voyons que le problème n'est pas nouveau. Un facteur nuance cependant la question des inégalités linguistiques pour les enfants d'aujourd'hui : il faut compter avec le rôle uniformisant des médias, particulièrement de la télévision et de la publicité, qui livrent à tous les mêmes modèles de langage.

Les modèles de Bernstein

La comparaison des productions de langage des enfants et adolescents issus de milieux sociaux très contrastés amène

Bernstein à décrire des sous-systèmes linguistiques qu'il appelle « codes » : *code élaboré* pour les enfants favorisés, *code restreint* pour les enfants de milieu défavorisé. Ces codes apparaissent, non comme des registres de langue, mais comme un ensemble de formes et d'usages de la langue qui s'opposent point par point dans les deux cas. Quelles sont les principales caractéristiques psycholinguistiques du code restreint (résumé à partir de Bernstein, *op. cit.*, p. 40) :

1 - phrases courtes, grammaticalement simples, souvent non terminées, syntaxe pauvre ;
2 - usage simple et répétitif des conjonctions ou des locutions conjonctives (donc, alors, et puis, parce que, etc.) ;
3 - usage rare des propositions subordonnées ;
4 - incapacité de s'en tenir à un sujet défini pendant un énoncé, ce qui facilite la désorganisation du contenu de l'information ;
5 - usage rigide et limité des adjectifs et des adverbes ;
6 - usage rare de tournures impersonnelles comme « on pourrait dire », « on pourrait penser », « il semble que » ;
7 - usage fréquent d'affirmations catégoriques, des énoncés dans lesquels justifications et conclusions sont télescopées ;
8 - affirmations et expressions toutes faites qui semblent engager l'assentiment de l'interlocuteur : « N'est-ce pas ? », « Tu te rends compte ! »

Outre ces aspects descriptifs, Bernstein a essayé de systématiser ces particularités, utilisant notamment la notion de *prédictibilité* : formes syntaxique et lexique sont plus prévisibles dans le code restreint alors que la richesse de vocabulaire et la maîtrise des formes grammaticales et syntaxiques rendent moins prévisibles les énoncés dans le code élaboré. Une description du code élaboré est superflue : prenez point par point l'opposé de ce qui est énuméré ci-dessus : la syntaxe est précise, les phrases sont achevées, les adjectifs et les adverbes sont choisis dans une gamme nuancée et étendue, etc.

Les particularités de langage de ces enfants rendent sensibles des facteurs beaucoup plus généraux d'ordre cognitif, relationnel, culturel. Le langage qu'ils construisent reflète celui de leur entourage et aussi une certaine façon d'être au monde, de saisir la réalité (des expériences concrètes, un manque de recul; le recours aux lieux communs, des jugements figés).

Il en découle bien des questions : les particularités de ces enfants affectent-elles uniquement le langage ? Peut-on parler de forme d'intelligence spécifique ? De mode relationnel particulier ? Ces questions gardent toute leur actualité.

Tous les enseignants sont concernés. En effet, les enfants dont on dit qu'ils parlent « comme un livre », avec un vocabulaire riche, appartiennent le plus souvent à un milieu familial favorisé. Les parents ont eux-mêmes un bon langage, ont poursuivi leurs études, ont eu une « éducation » ; ils ont l'habitude de bavarder avec l'enfant, de lui raconter des histoires et de lire des livres.

À l'opposé, lorsqu'un enfant ne s'exprime pas bien, il faut toujours prendre le temps d'écouter comment parlent les parents : ils ont souvent été moins favorisés dans la vie, eux-mêmes ont parfois un langage pauvre, beaucoup n'ont pas poursuivi leur scolarité. Sans le vouloir, ils ne fournissent pas à l'enfant un très bon modèle linguistique et ne peuvent guère modifier leurs comportements en la matière.

L'image que donne ce schéma est un peu trompeuse. Il n'existe pas deux catégories aussi contrastées, il n'existe pas non plus de corrélation obligée : bon langage-milieu favorisé et langage médiocre-milieu défavorisé. Une mère brillante universitaire peut ne rien comprendre aux demandes de son jeune enfant et se montrer un piètre partenaire dans les jeux de langage alors que le fait d'être illettré ou inculte n'empêche pas les intuitions et le plaisir des échanges précoces. Le poids des conditions socio-familiales existe. Il ne s'agit pas d'une fatalité.

Comment interpréter le lien code restreint-milieu défavorisé ? Il existe en premier lieu des facteurs héréditaires. Des difficultés de langage sont souvent notées chez l'un ou l'autre des parents lorsqu'on examine un enfant qui a des troubles du langage. Aptitudes au langage ou inhabileté au langage font partie du stock génétique. Voilà le premier facteur dont il faut tenir compte.

La pauvreté des modèles linguistiques est, à juste titre, toujours incriminée. Tant que l'enfant vit dans son milieu familial les seuls modèles linguistiques à partir desquels il construit sa langue sont en effet ceux qu'il entend autour de lui. Dès la petite enfance, des études comparatives montrent que dans les milieux favorisés les interactions verbales adulte-bébé sont plus fréquentes, deux fois plus longues, l'adulte posant des questions au bébé en lui apportant la réponse. À l'opposé, les critères du code restreint caractérisent souvent le langage des parents de milieux défavorisés.

Les formes linguistiques ne sont pas seules en cause. Les groupes sociaux diffèrent aussi par leur conception du langage et par leur conception de l'éducation et des rapports avec l'enfant. Il suffit d'observer, dans bien des cas, l'inadéquation des schémas de communication. Les paroles qui s'adressent à l'enfant importent par leur forme linguistique mais aussi par les messages qu'elles véhiculent, les messages objectifs et aussi les sentiments ou intentions qui les sous-tendent. Je vais simplement citer une étude américaine portant sur un groupe d'enfants de milieux défavorisés, soignés pour des troubles du comportement sévères : enfants agressifs, violents, incapables d'attention, avec gros retard de langage.

Comment les adultes, notamment leur mère, ont-ils l'habitude de parler à ces enfants ? L'analyse du discours maternel montre des comportements qui semblent caricaturaux. Ces mères parlent à l'enfant en employant des énoncés courts, souvent lancés à la cantonade, brusques, faits d'interdits, d'exclamations, d'ordres, de jugements négatifs qui traduisent leur propre lassitude, leur irritation voire le rejet de l'enfant. Les mères américaines n'en ont pas l'exclusivité, écoutons autour de nous :

T'as fini !
Je peux plus le supporter çui-là.
Il a le diable dans la peau.
Tu vas voir ! Attends un peu !
Arrête !
Attends donc que ton père soit là !
C'est pas Dieu possible !

Des paroles qui disqualifient l'enfant, n'impliquent généralement pas de réponse, n'amorcent aucun dialogue. L'enfant n'a pas sa place dans ce langage, ou dans ce monde. Il perçoit bien sûr l'intonation, l'intention générale, mais ces formules n'ont aucune cohérence et n'apportent guère de matériau purement linguistique à l'enfant qui est en train de construire sa langue.

Sans attacher de valeur absolue aux modèles de Bernstein, il apparaît que les inégalités scolaires sont très souvent liées aux inégalités de langage, qui, elles-mêmes, sont en grande partie d'ordre social et culturel.

Connaissant mieux ces inégalités, l'école va s'efforcer de repérer et de compenser ce que le milieu familial n'a pas pu apporter à l'enfant. Cette attitude est adoptée sans que l'on ait trop à se poser de questions lorsqu'un enfant de deux à trois ans débarque à l'école en ne disant que quelques mots, en ne comprenant à peu près rien des habitudes verbales communes. On en vient alors à se demander comment intervenir. S'agit-il simplement d'enrichir un langage qui est pauvre ou insuffisant ? Est-ce bien le problème dans tous les cas ?

Autant de questions que renforce encore la publication des premiers travaux de Laurence Lentin[1] en 1970. Convaincue de l'aide que peut apporter l'école maternelle aux enfants les plus défavorisés, Laurence Lentin cerne au plus près l'évaluation de leurs problèmes de langage. Son témoignage est alors un cri d'alarme : les enfants dont le langage est très pauvre et mal structuré à trois ans conservent à peu près tous des difficultés. À six ans, leur vocabulaire est pauvre et imprécis, et surtout la syntaxe est mal structurée. Ces enfants sont ainsi particulièrement mal équipés pour aborder l'écrit. Beaucoup vont être en échec au CP. On peut dire sans être devin que l'avenir scolaire est déjà dessiné vers trois ans.

Ces données, déjà anciennes, vont dans le même sens que les réflexions accumulées par les médecins spécialisés et orthophonistes qui suivent un même enfant, souvent pendant plu-

1. Directrice du Centre de recherche sur l'acquisition du langage oral et écrit (CRALOE), Université Sorbonne nouvelle, Paris-III, et présidente fondatrice de l'Association de formation et de recherche sur le langage (Asforel).

sieurs années : le pronostic dépend de la précocité de l'aide qui peut être apportée. Les enseignants doivent y être attentifs dès les tout débuts de l'école maternelle ; il faudrait en convaincre aussi le personnel des crèches, tous ceux qui peuvent être attentifs au langage pendant la petite enfance.

Noam Chomsky, une nouvelle linguistique

Pourquoi Chomsky alors qu'existaient, au milieu du XXe siècle, bien d'autres théories du langage ? alors que son œuvre a suscité tant de polémiques, et que d'autres courants se sont dessinés depuis ? Ce choix n'est pas simplement influencé par sa renommée ; il est en effet l'un des noms connus du public cultivé : il ne s'exprime pas uniquement dans les publications scientifiques mais aussi dans des magazines accessibles à tout public, et même, récemment, au cinéma (Achnar et Wintonick, 1994).

On dit de Chomsky qu'il est l'inventeur de la grammaire générative et transformationnelle. C'est juste, mais il est choisi ici surtout parce qu'il a donné un nouveau départ et un tour novateur à la linguistique et fourni des éléments qui éclairent l'acquisition du langage et replacent ces notions au sein de la psychologie développementale et d'une approche pluridisciplinaire.

Il a soulevé des polémiques féroces ; il est vrai que lui-même n'a épargné personne ! Il s'agit en effet d'un personnage hors du commun : entré dans la vie active en savant précoce, grand polémiste, il participe avant l'âge de vingt ans au livre de Z. Harris, dont il est l'élève : *Methods in Structural Linguistic* (1951), puis à vingt-neuf ans publie son livre vedette : *Syntaxic Structures* (1957) (Chomsky, 1957/1969), où sont présents tous les thèmes de la grammaire générative et transformationnelle, et peu après : *Aspects of the theory of Syntax* (1965) (Chomsky, 1965/1971). De nombreuses publications ultérieures ne font que renforcer les concepts qu'il a introduits. Elles sont aussi des croisades contre les autres théories qui fleurissent aux États-Unis, notamment le courant solidement implanté de la psychologie behavioriste, qu'il attaque violemment en la personne de Skinner (Skinner, 1971).

> Skinner s'inscrit dans la ligne de la psychologie behavioriste américaine. Spécialiste de l'apprentissage, dans *Verbal Behavior*, 1957, il propose une analyse fonctionnelle du comportement verbal, privilégiant l'épisode verbal global, c'est-à-dire l'échange entre un locuteur et un interlocuteur dans un contexte situationnel donné, en termes de stimulus-réponse.
>
> Résumer en quelques lignes l'imposant – et difficile – ouvrage que Skinner a consacré au langage, c'est ne présenter que quelques uns des thèmes de ses recherches, qui, ainsi exposés, semblent moins rigides et réductionnistes que lorsqu'ils sont situés dans l'ensemble de l'œuvre.
>
> Le langage se réduit à un comportement et au résultat de ce comportement. Pour lui, le champ d'étude de la psychologie se limite aux conduites observables. Ce qu'il étudie est donc le langage qu'émet un individu, les échanges dans telle situation à tel moment entre deux interlocuteurs, les activités langagières apparentes du sujet, leurs lois d'apparition. C'est ainsi qu'interviennent : un *stimulus*, qui constitue une occasion de participation, une *réponse*, possible et induite par le stimulus, un *renforcement*, positif ou non, qui découle des précédents.
>
> Les comportements verbaux, pour Skinner, entrent dans trois groupes :
>
> – des réponses de type demande, commande, très fréquentes chez le jeune enfant ;
> – des réponses échoïques qui suivent des stimuli externes, notamment des stimulations verbales, comme imitation verbale spontanée ou demandée ;
> – des réponses qui font référence aux objets ou événements de la vie courante, dans le cadre du récit ou du discours ; les plus fréquentes dans la vie courante.
>
> Cet aspect descriptif de l'œuvre de Skinner ne dépayse pas tellement : observer un « épisode verbal » est proche de l'attention que d'autres portent aux séquences ou scénarios interactionnels. Ce qui n'est pas acceptable est de s'en tenir à la surface de ces scènes, à leurs caractéristiques purement verbales. Il manque au moins les éléments de communication non verbale et ce qui, en

profondeur, permet l'occurrence en surface de ces productions verbales.

Au sommet de la notoriété, sans abandonner totalement le champ de la psycholinguistique[1], en 1968, Chomsky change de combat et s'engage dans la résistance à l'intervention américaine au Viet-Nam puis dans le soutien aux pays du tiers-monde et aux opprimés de toutes sortes : un « personnage » !

La place conférée à Chomsky ne signifie pas que l'on néglige « l'avant-Chomsky ». Tous tombent d'accord pour attribuer à *Ferdinand de Saussure*[2] la fondation de la linguistique au XXe siècle (Saussure, 1916). On ne saurait citer toutes les contributions, générales ou partielles, qui ont permis que s'élabore progressivement une connaissance des phénomènes linguistiques qui sont nos références communes.

Pour ne pas accumuler d'exemples multiples, nous allons introduire un autre personnage hors du commun dont la contribution a été partielle mais tout à fait remarquable en son temps : *Roman Jakobson*.

---

1. On a parlé jusque-là de « linguistique » et voilà qu'il s'agit de « psycholinguistique ». Il est souvent malaisé de s'y retrouver dans toute cette terminologie. Prenez le *Petit Robert*, la définition de « linguistique » et celle que donne Saussure : « science qui a pour objet la langue envisagée en elle-même et pour elle-même ».
Il est évident que cette définition ne peut pas rendre compte de tout ce qui se passe lorsque l'enfant construit son langage, ni tout simplement lorsque deux personnes se parlent. Psychologie et linguistique devaient absolument faire un pas pour se rencontrer. Plus exactement, certains linguistes et certains psychologues ont essayé de se comprendre et de réfléchir ensemble. Il leur fallait trouver une façon de traiter les faits de langage au sein des conduites psychologiques humaines ou des comportements humains.
Première amorce en 1954, E. Osgood, psychologue, et T.A. Seboek, linguiste, essaient de définir cette psycholinguistique en tenant compte de phénomènes d'encodage et de décodage qui interviennent entre deux individus qui se parlent. Il fallut attendre les années soixante et Chomsky pour que la psycholinguistique devienne de façon évidente « la discipline qui étudie les conditions de production et de compréhension du langage » (F. Bresson, G. Vigneaux).
2. Saussure F. (de), *Cours de linguistique générale*, Lausanne et Paris, Payot, 1969.

Né à Moscou en 1896, Jakobson est lié à tous les noms qui comptent dans le premier quart du siècle dans le domaine de la linguistique et de la poétique. Enseignant à Moscou, où il fonde dès 1915 un Centre d'études comparées langage courant-langage poétique, proche de tous les groupes actifs dans son domaine dans les milieux intellectuels d'Europe Centrale et de Scandinavie, il est dès 1926 membre du très réputé Cercle linguistique de Prague, qui assimila rapidement les découvertes saussuriennes et fut actif jusqu'à la dispersion des intellectuels européens en 1940.

On retrouve alors Jakobson à New York, parmi le petit noyau des artistes, intellectuels et autres immigrants chassés d'Europe. Que fait-il ? Il enseigne à l'École libre des hautes études de New York, fondée en 1941-1942, qui fut pendant quelques années un creuset d'échanges irremplaçable. Quelques lignes extraites du dialogue de Claude Lévi-Strauss (1988) avec Didier Eribon dans *De près et de loin*, permettent d'en saisir la richesse :

> « D. E. : C'est X qui vous a présenté à Jakobson, qui avait été sollicité aussi pour donner des cours.
>
> C. L.-S. : Il avait pressenti qu'il y avait entre Jakobson et moi une certaine communauté d'esprit.
>
> D. E. : Cette rencontre fut pour vous décisive ?
>
> C. L.-S. : Et comment ! [...] Jakobson m'a révélé l'existence d'un corps de doctrine déjà constitué dans une discipline : la linguistique, que je n'avais jamais pratiquée. Pour moi, ce fut une illumination.
>
> [...] C'était un penseur d'une puissance intellectuelle qui dominait tout autour de lui. Il maîtrisait une dizaine de langues, il avait une érudition prodigieuse qui allait des anciens linguistes de l'Inde jusqu'à Husserl. Il s'intéressait à tout, à la peinture, à la poésie d'avant-garde, à l'ethnologie, à l'informatique, à la biologie... Il avait également participé au mouvement moderniste des peintres et poètes russes. »

Ajoutez que dans ce milieu des Européens new yorkais les intellectuels avaient pour ami Max Ernst, André Breton et bien d'autres artistes, que dès la fin de la guerre les retours ou nombreux passages à Paris permirent à Jakobson de devenir un intime de Lacan... vous n'aurez qu'une toute petite idée encore de la richesse des contacts qui rayonnent autour de tels personnages.

C'est du reste à la demande de Claude Lévi-Strauss que Jakobson s'est décidé à publier ses premiers cours (Jakobson, 1968), introduits par une longue préface de son ami (« ses cours étaient un éblouissement »). Chacun étant fasciné par le talent de l'autre, Jakobson à son tour persuadait Lévi-Strauss de réunir ses propres cours, qui devinrent : *Les Structures élémentaires de la parenté* (Lévi-Strauss, 1949).

La théorie de Jakobson de l'acquisition du *système phonétique* est à la fois « prodigieusement séduisante et trop belle pour être vraie, du moins vraie sans réserve » (M. Richelle). Il décrit en effet la « prodigieuse uniformité » de l'ordre d'acquisition des phonèmes qui obéit à une progression stricte et universellement valable. L'ordre d'acquisition obéit à l'établissement de relations et de distinctions entre les phonèmes. L'image en négatif de cette progression se retrouve dans le syndrome de désintégration phonétique des adultes aphasiques.

Pour Jakobson, l'ordre d'acquisition est celui même de l'évolution des langues : aucune langue par exemple ne possède les consonnes postérieures sans les consonnes antérieures correspondantes. Le système vocalique commence par les voyelles ouvertes : [*a*], puis l'opposition voyelle ouverte-voyelle fermée : [*a*]- [*i*] ; [*e*], voyelle moyenne, apparaissant après l'opposition ouverte-fermée. Pour le système consonantique apparaissent les occlusives antérieures, les bilabiales [*p*]-[*b*] et les occlusives précèdent les constrictives.

Le jeune enfant remplace souvent les constrictives par les occlusives de même articulation ou d'articulation proche : [*s*]- [*z*] donne [*t*]- [*ch*] ou [*j*] donne [*t*], [*d*], d'où des simplifications comme :

tita, pour : le petit chat,
dédodo, pour : j'ai dodo.

Théorie séduisante, bien que des travaux ultérieurs n'aient pas vraiment confirmé son caractère d'universalité.

Revenons à Chomsky. Laissant de côté débat, contestation, critique, nous allons citer les principaux thèmes qu'il a introduits. Tout d'abord, quelques définitions : grammaire, générative, transformationnelle :

– Chomsky s'efforce d'élaborer un modèle, une *grammaire* qui rende compte des « mécanismes » qui sous-tendent la créativité d'un sujet parlant. L'unité de langage sur laquelle porte l'analyse est la phrase ;

- une grammaire *générative* est une grammaire qui génère des règles, un ensemble fini de règles. Une phrase non représentable par ces règles est agrammaticale. Énoncer ces règles amène à porter des jugements de grammaticalité : telle phrase est grammaticale ou non.
  Générative implique encore que l'analyse d'énoncés grammaticaux peut être projetée sur l'ensemble infini des énoncés de la langue. Suivant l'analyse de J.-P. Bronckart (1977) : « L'objectif du linguiste ne sera plus d'inventorier les unités linguistiques et de décrire les phrases réelles de la langue, mais il consistera, à partir de la description de quelques phrases réelles, à formuler un ensemble de règles de réécriture telles que tout énoncé de la langue puisse être "représenté" ou "modélisé" à l'aide de ces règles. »
- *transformationnelle* introduit un second niveau d'analyse linguistique qu'il est difficile d'expliquer sans avoir recours au jargon de la spécialité : « alors que les règles de réécriture opèrent sur un seul symbole (prédicat, syntagme nominal, syntagme verbal), les transformations opèrent sur une suite de symboles », dont l'analyse aboutit à une nouvelle description structurale. Exemple-type d'une règle transformationnelle (J.-P. Bronkart, *op. cit.*), actif/passif :

Les journalistes ont remarqué le petit nageur.
Le petit nageur a été remarqué par les journalistes.

Nous retenons trois thèmes essentiels dans les théories de Chomsky (certains éléments sont empruntés à l'ouvrage : *Le langage de l'enfant,* par P. Aimard, 1981) :

- la compétence/la performance,
- l'innéité,
- la créativité.

Compétence-performance

L'opposition compétence-performance n'est pas une invention de Chomsky mais il a donné à cette notion une ampleur exceptionnelle. Chacun de nous possède un système de règles concernant sa langue, qu'il organise et utilise à sa façon. Ces règles ne sont pas organisées comme dans un livre de grammaire : il s'agit plutôt d'un « savoir linguistique » qui sous-tend les comportements verbaux, c'est-à-dire la *performance*. Celle-ci se manifeste aussi bien dans la production d'énoncés (ce que l'on dit quand on parle), dans la compréhension ou dans des activités plus abstraites comme les jugements de grammaticalité. Elle est l'usage réel que chacun fait de sa langue dans les situations courantes de communication.

La *compétence* peut encore être comprise comme la possibilité illimitée que possède chacun de construire et de comprendre un nombre infini de phrases. Ce n'est pas un répertoire de formes courantes utilisées par tous mais une aptitude individuelle, créatrice. Chacun a de sa langue une connaissance propre dans laquelle se mêlent des structures élémentaires et des règles combinatoires.

Aux *structures superficielles*, directement observables, objet d'étude de ses prédécesseurs, Chomsky oppose les *structures profondes* de la langue, structures qui auraient des points communs dans toutes les langues. C'est à ces règles universelles que correspond la notion d'*universaux linguistiques*.

L'enfant qui construit son langage organise – on ne sait comment – un système de règles intériorisées. Nous n'y avons accès qu'en étant attentif à ce qu'il produit et comprend, c'est-à-dire à sa performance. L'analyse que l'on en fait emprunte forcément les termes et les modèles de la grammaire : on guette ses premiers mots, ses phrases, les verbes et les pronoms... Or ces notions ne se sont certainement pas construites, dans la tête de l'enfant, en suivant les modèles d'une grammaire dont il ignore tout. Il est difficile de délimiter compétence-performance lorsqu'on étudie le langage en train de se faire.

Cette aptitude à produire du langage à partir d'une intuition linguistique personnelle ne peut rendre compte à elle seule de « l'intense activité de l'enfant qui acquiert les structures profondes du langage que rien ne rend lisibles à la surface du discours d'autrui. [...] L'enfant construit son langage simplement à partir des performances d'autrui qui sont tout en lacunes, erreurs et sous-entendus. » Les notions d'innéité et de créativité aident à saisir ce qui joue chez l'enfant.

L'inné

Il n'y a plus lieu aujourd'hui d'opposer théories innéistes et culturelles tant il est évident pour tous qu'interfèrent facteurs culturels et innés dans le langage. L'enfant construit la langue qui lui est apportée, comme d'autres faits culturels, par le milieu dans lequel il vit.

Devant l'extraordinaire rapidité des acquisitions de langage au cours des premières années de la vie, Chomsky (1968) pense qu'il ne peut s'agir d'un apprentissage mais de l'émergence de structures fonctionnellement prêtes à l'usage, pré-programmées. « Tout esprit humain dispose d'une structure innée qui permet de construire une grammaire à partir de données qui lui sont fournies par l'environnement. »

Cette aptitude à acquérir les structures de la langue est décrite comme un *dispositif inné du langage* (LAD = *Language Acquisition Device*), inscrit dans le potentiel génétique humain.

Il existe bien indiscutablement quelque chose d'inné, de spécifique à l'espèce humaine (les séduisantes recherches sur le « langage » des primates ne changent rien à ce constat), grâce à quoi l'homme parle. La question est plutôt : que peut-on considérer comme inné ? La capacité de certains territoires cérébraux à traiter le langage ? Certainement. Le fonctionnement de l'intelligence qui trouve dans le langage un terrain d'exercice exceptionnellement productif ? Oui encore, et l'on rejoint Piaget. Les structures profondes d'une grammaire universelle ? C'est bien l'hypothèse de Chomsky : le monde environnant ne vient que déclencher et alimenter des programmes préétablis.

Nous verrons un peu plus loin comment la notion de LAD est reprise et enrichie par J. Bruner.

La créativité

L'acquisition du langage, puis plus tard les comportements de langage, témoignent d'une créativité permanente. Le petit enfant qui construit son système de règles linguistiques le fait à partir des modèles que lui fournit son environnement. Ce qu'il construit n'est cependant pas pure imitation. Il produit par exemple des énoncés qui sont justifiés compte tenu de son âge et du contexte, mais la plupart ne ressemblent en rien à ce que nous dirions dans la même situation ou au modèle que nous venons de prononcer devant lui. Ses productions ne se présentent pas uniquement comme des simplifications ; elles sont construites différemment.

La construction du langage résulte d'un mélange personnel entre imitation et créativité ; en d'autres termes : chacun construit ou reconstruit sa langue à partir des modèles qu'il reçoit, mais il le fait à sa façon.

Cette création-recréation de la langue résulte de la rencontre entre les capacités qu'a l'enfant de capter les informations, de les imiter, de les mémoriser et le jeu de combinatoire fascinant qu'est la langue.

Il faudrait parler de l'après-Chomsky car aucun chercheur n'est resté indifférent à ce qu'il a apporté de novateur. Facteur plus déterminant encore, il s'est amorcé avec lui une ébauche de décloisonnement ou de mise en commun du savoir. La rencontre Chomsky-Piaget, entourés d'une pléiade de savants, à l'abbaye de Royaumont, en 1975, en est une extraordinaire illustration[1].

---

1. *Théories du langage. Théories de l'apprentissage. Le débat entre Jean Piaget et Noam Chomsky*, Centre de Royaumont pour une science de l'homme, Paris, 1979, Le Seuil.

Jean Piaget, père de l'épistémologie génétique

Piaget (1896-1908) est l'une des figures les plus respectées de la psychologie du XXe siècle ; il a construit un système de pensée qui a été adopté dans de nombreuses disciplines. Le Centre international d'épistémologie génétique de Genève s'est révélé un carrefour d'échanges dans des disciplines aussi diverses que psychologie, linguistique, physique, mathématique, cybernétique.

Au centre de ce système : les structures cognitives et les différents stades de leur acquisition chez l'enfant.

Les progrès de l'enfant sont évalués en fonction de ses réactions à des épreuves au cours desquelles il doit résoudre des tâches précises. Les capacités qu'il manifeste permettent de le situer dans les niveaux de référence fixés par Piaget :
- à la *période sensori-motrice*, jusqu'à deux ans, caractérisée par l'acquisition de la notion d'objet permanent,
- succède la *période préopératoire* (égocentrique et animiste) jusqu'à quatre ans,
- puis vient la *période intuitive*, de quatre à sept ans, marquée par la réversibilité des opérations et par le concept de conservation.

Voir en quoi consiste l'une de ces épreuves permettra de mieux saisir ces stades de développement. Prenons l'épreuve de conservation des quantités présentée initialement par Piaget (Piaget et Szeminska, 1941 ; Piaget et Inhelder, 1941) et très utilisée par tous les chercheurs piagétiens pour déterminer le niveau opératoire de l'enfant.

Je cite la description de cette technique que donne H. Sinclair (1967) dans le but d'étudier l'acquisition de sous-systèmes linguistiques (expression de nombre, dimension, comparaison) :

« On présente au sujet deux récipients cylindriques de même dimension (*A* et *A'*), contenant des quantités égales de liquide. On lui fait constater cette égalité (reconnaissable à celle des niveaux), puis on verse le contenu d'un des récipients dans un autre de diamètre plus petit (*B*) et on demande à l'enfant si la quantité transvasée est restée égale (ou non) au contenu du verre transvasé. On remet alors le liquide de *B* en *A'* et on refait constater l'égalité *A* et *A'*. Après cette nouvelle constatation, on transvase de nouveau le liquide de *A'* cette fois dans un récipient de diamètre plus grand, et on pose de nouveau la question de l'égalité des quantités de liquide. Au besoin, on peut encore verser le contenu de *A'* dans plusieurs bocaux plus petits et égaux entre eux. Inversement, on peut emplir un verre de forme quelconque et demander à l'enfant de constituer une quantité égale de liquide au moyen d'un récipient de forme différente. » (*Op. cit.*, p. 16.)

L'intelligence (cognition) de l'enfant progresse en intégrant le monde des objets qui l'entourent. On notera qu'il n'est question ni de relation interpersonnelle, ni de dialogue, ni de communication.

Pour Piaget, contrairement à Chomsky, il n'existe pas de structures innées d'acquisition, seul le fonctionnement de l'intelligence est héréditaire.

Dans ses écrits – fait surprenant étant donné l'influence exercée par la suite – Piaget a assez peu éclairé l'acquisition du langage. Celui-ci l'intéresse surtout par les relations qu'il entretient avec la pensée ou avec le développement cognitif. Comme si le langage avait pour rôle essentiel de traduire la pensée.

L'œuvre de Piaget est si exemplaire et si respectée qu'il est rare de formuler les réserves qu'elle appelle. Timides au début, celles-ci sont devenues de plus en plus manifestes au fur et à mesure que l'on a prêté plus d'attention à la petite enfance et à la notion de communication. En effet :

- Piaget ne s'intéresse pas au tout-petit. Le chapitre premier de son livre *Le langage et la pensée chez l'enfant* (1923) s'intitule : « Les fonctions du langage de deux enfants de *six ans* » (c'est moi qui souligne) ;
- il n'est pas fait mention des aspects relationnels, de la communication préverbale ;
- l'évolution du langage en soi est peu mentionnée ;
- la notion de stades introduit un figement et des modèles rigides qui ne sauraient évidemment couvrir tous les phénomènes qui interfèrent dans l'acquisition du langage.

En 1923, on ne parlait pas encore des aspects pragmatiques du langage, personne ne voyait le bébé comme un champion de la communication !

L'intérêt porté au langage dans l'œuvre de Piaget connaît deux périodes en même temps que deux thèmes principaux : le langage « égocentrique » et la formation du symbole.

Langage égocentrique

Un premier groupe d'ouvrages sur la pensée de l'enfant (Piaget, 1923, 1924, 1926) donne une idée des débuts du langage. Les observations qu'il rassemble montrent que, pour Piaget, plus de la moitié des productions d'enfants de trois ans sont de type égocentrique, c'est-à-dire ne s'adressent à personne. Cette proportion décroît, le langage égocentrique ne représente plus qu'un quart de l'ensemble des productions spontanées à sept ans, puis il tend à disparaître.

Pour Piaget, le langage égocentrique de l'enfant de trois ans montre que celui-ci est incapable de différencier le point de vue de l'interlocuteur et le sien, qu'il ne peut réellement s'intéresser à son interlocuteur et lui transmettre une information. Il atteindra progressivement un certain niveau de décentration qui lui permettra de formuler des questions, des ordres, des menaces, d'informer les autres, en un mot, de communiquer. Si on n'a pas en mémoire les conditions d'observations qui sont à l'origine de ces affirmations, dans ces lignes Piaget rapporte lui-même comment il s'y est pris.

> « Nous n'avons travaillé que sur deux enfants de six ans, en relevant leurs propos intégralement, il est vrai, mais seulement pendant un mois et seulement pendant certaines heures du jour [...]. La technique que nous avons adoptée est la suivante. Deux d'entre nous ont suivi chacun un enfant (un garçon) pendant un mois à peu près dans la classe du matin de la Maison des Petits de l'Institut J.-J. Rousseau, en notant minutieusement tout ce que disait l'enfant avec le contexte. Dans la classe [...] les écoliers dessinent et construisent ce qu'ils veulent, font du modelage, jouent aux jeux de calcul et de lecture, etc. Cette activité a lieu

en toute liberté, sans qu'aucune limitation soit apportée au désir de parler ou de jouer en commun, *sans aucune intervention d'adultes*[1]. » (Piaget 1923, p. 17-18.)

Dans les chapitres suivants, Piaget cite des exemples recueillis chez des enfants un peu plus jeunes (trois ans et demi, quatre ans) et aboutit à une analyse du langage égocentrique ; il comporte d'après lui :

– la répétition ou écholalie. L'enfant répète des syllabes ou des mots qu'il entend, sans souci de s'adresser à quelqu'un ou de prononcer des mots qui aient du sens. Un reste du gazouillis du bébé ;
– le monologue : l'enfant parle pour lui-même, comme s'il pensait tout haut ;
– le monologue à deux ou collectif : deux ou plusieurs enfants parlent en même temps, ou ensemble, sans « souci d'être entendus ou compris réellement. Le point de vue de l'interlocuteur n'intervient jamais : l'interlocuteur n'est qu'un excitant. »

Personne n'écrirait de tels propos aujourd'hui. On ne sait comment des chercheurs attentifs ont pu être à ce point aveugles aux échanges, à l'écoute… autant de comportements qui nous semblent maintenant des évidences. Les premières observations de Piaget ont comme excuse de se situer dans un contexte très particulier : il s'agissait d'enfants fréquentant une école active, libres du choix de leurs activités, passant sans doute de façon un peu décousue d'une occupation à une autre. On se demande cependant comment les adultes réussissaient à être aussi peu présents en parole avec eux, à ne pas se glisser dans ces « monologues ». Nous sommes très loin des échanges, des dialogues auxquels nous prenons plaisir avec les jeunes enfants.

Il arrive encore que les étudiants apprennent comme vérité première cette notion de langage égocentrique. Or elle a été rapidement nuancée par tout un flot de découvertes – évidentes

1. C'est moi qui souligne.

– sur l'aptitude précoce des bébés à communiquer, sur l'observation des comportements de communication pré-verbaux, les imitations, les gestes, etc.

De plus, Piaget a surtout exploité l'opposition langage égocentrique/langage socialisé, sans s'attarder beaucoup à l'analyse des productions dites égocentriques et au rôle structurant qu'elles pouvaient avoir dans la mise en place du langage.

Il suffit de vivre avec un jeune enfant pour se convaincre qu'il existe bien une production de langage « pour soi ». Plusieurs chercheurs s'y sont intéressés sans *a priori*. On peut prendre comme exemple Ruth Weir (1962), qui a recueilli les monologues de son fils Anthony, âgée de vingt-sept à trente mois. L'intense activité linguistique de l'enfant peut être interprétée comme un mélange de répétitions, d'exercices, de jeu, de plaisir, avec les intonations, les mots, les sons qu'il répète, module, déforme. Nous avons tous des exemples du bébé tranquille qui, éveillé dans son berceau, joue avec sa voix, émet de petits bruits, des roucoulades. Il est seul, souriant, et fait de premiers exercices vocaux. Depuis l'âge des « monologues du berceau » jusqu'aux jeux de langage des enfants un peu plus âgés, nous voyons bien que ces périodes de productions vocales puis verbales libres, qui semblent sans raison d'être immédiate, vont avoir une place structurante dans la maîtrise et dans les usages de la langue.

L'enfant parle pour lui-même dans des moments privilégiés : l'endormissement, les moments de repos tranquille (mélange de chantonnement et de parole) et quand il commente ce qu'il est en train de faire, accompagnant souvent ainsi des jeux de faire-semblant (il joue à la poupée, au garage, parle, fait questions et réponses, mêlées de bruitages, d'onomatopées), ou lorsqu'il dessine (il donne parfois ainsi la clé du dessin, simple gribouillage que nous lisons mieux grâce à ses commentaires : « Là c'est la cheminée, la porte, le chien est dans sa niche », etc.)

L'entrée de l'enfant dans la vie collective va l'habituer à contrôler progressivement les habitudes de monologue. Quel brouhaha si tous les enfants de la classe parlaient en même temps ! L'enfant apprend que, ce discours personnel, il peut le dire « dans sa tête ». Il l'a parfois amorcé spontanément. Le langage pour-soi devient le langage *intérieur*. Langage qui n'est plus tellement accessible à l'investigation, à l'analyse, qui est bien proche de « la pensée » et fonctionne sans doute de façon très diverse en chacun de nous. Le devenir du langage égocentrique dépasse largement le cadre de l'acquisition du langage. Cette complexité fonctionnelle est très bien dite par R. Jakobson dans l'introduction qu'il a écrite au livre de Ruth Weir cité ci-dessus :

> « Le langage égocentrique de l'enfant ne se soucie pas d'un interlocuteur, mais il tolère et même recherche la présence d'un auditeur. Au contraire, les monologues qui précèdent le sommeil (chez Anthony) n'impliquent la présence d'aucune oreille humaine. Ils sont vraiment des soliloques, font partie de l'intimité de celui qui parle, tout prêts à s'interrompre pour peu que quelqu'un brise la solitude. Les activités verbales de l'enfant dans son berceau nous conduisent un peu plus avant sur la voie du véritable langage intérieur, dans sa variété la plus cachée et la plus déroutante, le langage des rêves... qui dans l'ensemble de notre comportement verbal ne joue pas un rôle moins vital que les rêves eux-mêmes dans l'ensemble de notre vie mentale. »

La formation du symbole chez l'enfant

C'est dans son ouvrage de 1946 que Piaget livre le plus sa théorie du langage de l'enfant. Le langage ne serait qu'une manifestation de la fonction symbolique, la capacité cognitive supérieure la plus spécifiquement humaine. Le concept central est celui de la *représentation*, qui est la capacité de se représenter mentalement une image, un geste, un détail, un objet (un « schème » pour Piaget). Cette formulation implique certains détours par les notions d'imitation et de jeu.

Piaget décrit six stades d'*imitation*, depuis la toute petite enfance : imitation immédiate de sons, de gestes avec, autour de huit ou neuf mois, des imitations de modèles non visibles (l'enfant ouvre la bouche ou cligne des yeux, alors qu'on ne le fait pas en ce moment devant lui), ce qui implique qu'il a intériorisé ces modèles, qu'il en a une certaine image mentale, une mémoire qui permet l'imitation différée, alors qu'il s'est agi jusque-là d'imitation immédiate.

L'enfant a élaboré un modèle interne, schéma sensori-moteur du geste par exemple, combinaison mentale complexe qui permet la re-présentation du geste ou des sons. On parle d'*image mentale*, de souvenir-image. Le geste qu'il reproduit est la face visible d'un modèle intériorisé, signe à deux faces : l'image concrète du geste visible et la représentation intériorisée. Quelque chose qui ressemble fort au signifiant-signifié des linguistes.

La ritualisation des imitations (enchaînement de deux ou plusieurs unités) implique que l'enfant fasse se succéder plusieurs modèles qu'il a intériorisés ; à ce moment précis coïncident imitation différée et jeu symbolique. Pour mieux rendre l'esprit de l'explication, je propose des exemples qu'en donne Piaget lui-même dans *La Formation du symbole chez l'enfant* (1946, page 101, observation 64). On peut faire les mêmes observations avec ses propres enfants ou ceux que l'on connaît :

> « Le "faire comme si" débute à quinze mois chez J.
> Elle aperçoit un linge dont les bords frangés rappellent vaguement ceux de son oreiller. Elle s'en empare, tient un morceau dans sa main droite. Suce le pouce de la même main. Se couche sur le côté en riant beaucoup. Elle garde les yeux ouverts mais cligne de temps en temps, comme pour "dormir". Riant de plus en plus, elle crie "néné" (= dodo). Le même linge déclenche le même jeu les jours suivants.
> Quelques jours plus tard elle se sert de la même façon d'un col d'un manteau de sa mère. Quinze jours plus tard, même jeu avec la queue de son âne en peluche. Deux mois plus tard, elle fait faire "dodo" à ses animaux en peluche.
> Autres exemples de faire-semblant : à dix-huit mois, fait semblant de se laver les mains en disant "avon" (= savon) alors qu'il n'y a ni eau ni savon.
> Vingt mois, fait semblant de manger n'importe quel objet en disant "très bon". »

La fonction symbolique fait entrer dans le monde de la fiction. Cet enfant déroule toute la séquence gestuelle de l'endormissement alors qu'il n'y a aucun besoin, aucune réalité de sommeil. Il ne s'agit pas d'un simple jeu moteur, mais d'un *faire-semblant*, dont le déroulement est déclenché par un objet qui semble quelconque. Cet objet, par ses franges, a quelqu'analogie avec l'oreiller de l'enfant ; il s'agit d'un rapport métonymique (un détail, les franges, évoque le tout, l'oreiller), ou lorsqu'il s'agit de la queue des peluches, de la fourrure, l'objet en cause apparaît comme un substitut de l'objet absent (l'oreiller) auquel le lient des rapports métaphoriques (une vague ressemblance de forme ou de consistance). À ceux qui ne saisissent pas ces discrètes analogies, le choix de l'objet peut sembler arbitraire.

Dès qu'apparaissent ces toutes premières manifestations de la fonction symbolique, l'enfant s'en donne à cœur joie dans le registre du faire-semblant : il prend un morceau de pain, c'est une voiture qui roule, avec ou sans bruitage. Le morceau de bois peut être enfourché, c'est un cheval ; ou brandi, c'est une épée. Tout objet ou tout geste utilisé de façon non littérale est entraîné dans le jeu symbolique. Celui-ci implique que l'enfant jongle mentalement avec deux registres, celui de la réalité qu'il connaît comme tout le monde (le bâton n'est qu'un bâton) et celui de l'imaginaire (son geste fait du bâton un pistolet).

Cette aptitude à représenter mentalement, essentielle pour Piaget, est contemporaine de l'acquisition des mots. Débuts du langage et premières manifestations de la fonction symbolique apparaissent en même temps, mais, pour Piaget, c'est dans l'évolution des conduites sensori-motrices qu'il faut voir les sources du langage, notamment dans les comportements d'imitation.

La fonction symbolique permet à l'enfant d'acquérir le langage, un bien commun, dont on peut dire qu'il est l'exploitation la plus élaborée des capacités de représentation de l'espèce humaine.

En d'autres termes, l'appropriation par l'enfant du langage, système de signes conventionnel, dépend du développement cognitif et implique le fonctionnement d'une capacité générale, la fonction symbolique, dont le mécanisme va se trouver « simplifié et socialement uniformisé par l'emploi des signes collectifs constitués par les mots ». L'enfant apprend l'usage des mots « par imitation lorsqu'il est capable de pensée représentative ».

J'espère ne pas avoir trop morcelé la présentation des thèses de Piaget en présentant à chaque moment les réserves et commentaires que l'on ne peut s'empêcher de formuler. Ceux-ci ne doivent pas masquer les dimensions de l'œuvre, ni le ferment qu'elle a constitué pour des générations de collaborateurs et continuateurs de Piaget. Psychologues et psycholinguistes ont pour certains travaillé dans le droit fil de l'épistémologie génétique alors que d'autres ont pris une certaine distance en conservant les grandes lignes de la méthodologie. On trouvera notamment des développements très riches dans l'œuvre d'Hermine Sinclair (1967), Pierre Oléron (1979), Émilia Ferreiro (1971), J.-P. Bronckart (1977).

La famille des « psy »

Le langage a suscité tant de théories, tant d'interprétations, que mieux vaut se limiter à quelques thèmes :

- l'attachement et son contraire,
– les idées clés de Winnicott,
– autour du « nouveau bébé ».

L'attachement et son contraire

Le langage n'a pas l'exclusivité de l'attachement, mais il occupe une place exceptionnelle parmi tout ce qui « relie », parmi tous les liens. Les travaux sur l'absence d'attachement, c'est-à-dire les situations de carences, sont déjà anciens.

Lorsque R. Spitz attire l'attention sur « l'hospitalisme », ou les conséquences des *carences précoces*, l'idée n'est pas nouvelle. Dans les années trente, J. Bowlby, Bender et d'autres mettent en relation certains troubles du développement d'enfants placés en institution avec la privation de soins maternels.

Après 1940, d'autres recherches vont dans le même sens. Anna Freud et D. Burlingham (1949) décrivent, dans *Enfants sans famille*, le comportement d'enfants placés dans des pensionnats-nursery au cours de la Deuxième Guerre mondiale à la suite de la perte définitive ou prolongée de leur milieu familial. J. Aubry (1955) décrit elle aussi la carence de soins maternels.

R. Spitz, en 1946, décrit (Spitz, 1946/1968) un modèle impressionnant : des bébés qui ont passé les trois premiers mois de leur vie avec leur mère, nourris au sein, et qui alors allaient bien connaissent à partir du troisième mois une situation totalement différente : ils sont placés en institution, dans un milieu peu attrayant avec des contacts humains très insuffisants (une nurse pour douze enfants). On constate un retard de toutes les acquisitions ; tout d'abord, des acquisitions motrices : ces enfants restent couchés dans leur lit, sur le dos, sans initiative, le visage inexpressif, coordonnant mal leurs mouvements oculaires. Si la situation de carence se prolonge, leur quotient de développement diminue de plus en plus, ils se mettent à avoir des mouvements de balancement de la tête, des stéréotypies des mains. Ils deviennent particulièrement fragiles sur le plan somatique. La séméiologie évoque celle de syndromes dépressifs. Une séméiologie de détresse relativement réversible si la carence ne dure que quelques semaines. On connaît l'exemple extrême de l'enfant sauvage.

Des carences relatives peuvent entraîner des désordres qui ne sont ni aussi profonds ni aussi durables. L'insécurité et les traumatismes que créent les séparations répétées (lors d'affection somatique ou psychiatrique de la mère, ou de problèmes psychosociaux) sont responsables de troubles du comportement parfois sévères, invoqués notamment dans les antécédents des délinquances, des toxicomanies ou lors d'évolutions psychiatriques.

Un demi-siècle après les descriptions de Spitz, les notions étiologiques ne sont plus les mêmes : structures hospitalières et lieux de garde ont été profondément améliorés. Par contre, les difficultés socio-économiques, l'évolution des mentalités ont introduit bien d'autres situations responsables de carence. Le lien carence précoce (carence de soin, d'affection, de stimulations)-déficits relatifs et troubles affectifs s'est imposé à tous.

Quel rapport avec notre sujet ?

Il va de soi que ces enfants privés d'affection, de relation, de stimulations, sont privés de communication, ne structurent pas de relation stable avec l'adulte et ne reçoivent pas ou pas assez de langage – de modèles linguistiques et vocaux – pendant tout le début de leur vie. Un déficit qui se rattrape difficilement lorsqu'il intervient à l'âge où se mettent en place tous les repères perceptivo-moteurs, les schémas relationnels et les premiers échanges vocaux et verbaux. Une synthèse de ces données a été présentée à l'OMS en 1962[1].

Quelle serait l'origine de ces troubles ? Tous les auteurs parlent de *carence affective* : l'enfant ne peut s'attacher à un adulte de référence stable, établir des contacts, élaborer un répertoire commun de signes de communication et à plus forte raison les débuts d'un langage commun. Il est probable qu'intervient aussi l'insuffisance de *stimulations sensori-motrices*. Ces enfants sont très peu manipulés, ont un univers peu diversifié et peu attractif. Ils ont peu l'occasion d'exercer leurs aptitudes sensori-motrices, d'imiter, d'interagir avec autrui, de construire des repères de toutes sortes (voix, postures, regards).

Comment pourrait-on atténuer les conséquences de telles situations ? Comment s'occuper mieux de ces jeunes enfants ? C'est ainsi qu'est née l'idée de *programmes compensatoires* ou programmes d'enrichissement. Première idée : consacrer plus de temps à chaque bébé, dans une relation individualisée. Encore faut-il bien utiliser ce temps. C'est alors que surgissent les questions : est-il préférable de le prendre, de jouer avec lui, de lui parler, de le mettre en contact avec d'autres enfants ?

Je cite, à titre d'exemple, une recherche conduite dans une crèche de Montréal (Canada)[2] ; elle n'est pas plus exemplaire que d'autres, mais rend bien compte du mélange de bonne

---

1. *Soins maternels et santé mentale*, Genève, monographie OMS, réédition éd. Arnette, Paris, 1962.
2. Gouin-Decarie T., rapporté dans *L'Enfant élevé en institution : carence affective ou carence sensori-motrice*, L'univers de la psychologie, Paris, Lidis 1978, 125-129.

volonté et d'artificialisme qui préside à tels essais. On ne peut en effet comparer ces rares moments d'échanges et ce qui se passe tout au long d'une journée avec un bébé, même lorsque les conditions familiales ne sont pas idéales. Indicative est aussi la place du langage, dès les tout débuts, ou plutôt ce que peuvent être ces débuts lorsque le langage n'y a pas de place ou très peu.

> Exemple de programme d'enrichissement dans une crèche de Montréal qui reçoit entre cinq cents et six cents bébés, de quelques jours à deux ans, en voie d'adoption ou recueillis temporairement. Les conditions sont celles d'un établissement de cette dimension : peu de temps pour chaque enfant, décor peu attrayant.
> Quarante-huit bébés de deux mois à deux mois et demi sont choisis pour ces programmes, répartis en quatre groupes qui bénéficient chacun d'un programme particulier, l'un des groupes étant témoin. Chaque programme prévoit de s'occuper de chaque enfant quinze minutes par jour, cinq jours par semaine pendant deux mois :
> – un programme essentiellement *perceptif*. Le bébé étant couché sur le dos dans son berceau, on place au-dessus de lui, dans son champ visuel et à portée de ses mains, des mobiles, de différentes textures et couleurs. Chaque présentation est accompagnée de stimulations sonores, sous forme de bruits familiers ;
> – un programme de *stimulation sociale* (nous dirions interpersonnelle). Le bébé a chaque fois des contacts individuels avec une psychologue qui le prend, lui laisse explorer sa bouche, ses oreilles, ses cheveux. Chaque fois succède un moment où l'on parle, où l'on porte, où l'on embrasse ;
> – programme *mixte* : mélange des deux précédents.

La notion d'attachement et son contraire (ou attachement et perte) joue dès les débuts du bébé. Dans les situations courantes : toute une partie du bébé vit de son attachement à sa mère, mais il connaît aussi, dès le début, des moments où il doit se passer de sa mère, c'est-à-dire trouver des compromis, des façons de s'en sortir tout seul. Progressivement ses moments d'indépendance, d'autonomie, prennent plus d'importance. L'enfant apprend à gérer l'absence de sa mère. Sur les façons de vivre ce compromis (avoir besoin de sa mère – apprendre à se passer de sa mère) Winnicott fournit une foule d'idée.

Les idées clés de Winnicott

Donald W. Winnicott (1896-1971) est un pédiatre britannique venu à la psychanalyse dans les années trente pour compléter sa formation. Il sut garder un heureux équilibre entre ses idées théoriques et sa pratique clinique, comme l'évoque le titre du premier recueil de ses publications : *De la pédiatrie à la psychanalyse* (1969).

Certains de ses thèmes aident à mieux saisir les débuts du langage. Winnicott le dit en termes simples quand il parle d'objets transitionnels et de phénomènes transitionnels dans *Jeu et réalité* (1972) :

> « Dès les premiers jours, le nouveau-né met à la bouche ses poings, ses doigts : il prolonge le plaisir de téter, stimule la zone buccale et trouve une solution à certaines "tensions". Quelques mois plus tard, il aime jouer avec une poupée, un ours ou un autre jouet doux et s'y attache souvent avec passion.
> Une relation existe entre les deux ordres de phénomènes. [...] La séquence qui commence par la cavité buccale et qui se termine par l'attachement très vif à un ours, à une poupée, à un objet moelleux ou un objet dur est infiniment variée.
> J'ai introduit le terme d'*objet transitionnel* et de *phénomènes transitionnels* pour désigner l'aire intermédiaire d'expériences qui se situe entre le pouce et l'ours en peluche, entre l'érotisme oral et la véritable relation d'objet.
> Partant de cette définition, le gazouillement du nouveau-né, la manière dont l'enfant plus grand reprend, au moment de s'endormir, son répertoire de chansons et de mélodies, tous ces comportements interviennent dans l'aire intermédiaire en tant que phénomènes transitionnels. »

Nous y ajoutons quelques développements. Tous les bébés connaissent, dans la vie courante, des situations de frustration supportable. L'adulte est amené à interrompre certaines activités communes – le repas, la toilette, les jeux – ou, lorsque le bébé grandit et se déplace, à faire respecter des interdits (ne pas toucher, ne pas aller dans telle pièce). Dès ses premiers mois, l'enfant trouve comment s'accommoder de ces mini-traumatismes obligés. Il doit apprendre à se passer de sa mère ou de présence humaine. Principe de réalité.

Que fait le bébé que sa mère vient de poser dans son lit alors qu'ils ont passé un bon moment ensemble ? L'un enrage et réclame de tas de façons, un autre trouve une solution en dormant ou, si le sommeil ne vient pas, il suce, tète à vide, se suce le pouce ou les doigts, fait des bruits de bouche, gazouille, activités buccales qui d'une certaine façon prolongent ou remplacent le moment agréable précédent.

À partir de cinq ou six mois, à mesure qu'il acquiert la préhension, c'est parfois en saisissant son ours, un autre objet doux ou une « patoune » qu'il meuble ces moments de solitude. Ces bébés trouvent par eux-mêmes comment s'accommoder de l'absence d'autrui. Ils font « comme si » le pouce, l'ours ou la « patoune » étaient ou remplaçaient maman ou le biberon. On n'est pas seul, ni dans la détresse, lorsqu'on sait prolonger l'illusion de la présence, re-créer magiquement cette « aire intermédiaire d'expériences » que Winnicott appelle « *espace transitionnel* ». Il n'est ni le monde intérieur de l'enfant ni totalement extérieur à lui : un espace potentiel où se prolongent les expériences humaines. Aire de l'illusion où vont naître et s'épanouir le jeu et, bien sûr, le langage. C'est là que prend forme le symbole : prendre quelque chose à la place d'autre chose est bien de l'ordre des phénomènes transitionnels : le pouce à la place du biberon, l'ours à la place de maman, le mot à la place de l'objet.

Dépassant le thème des débuts du langage, Winnicott nous invite à suivre *le devenir de cette aire intermédiaire*. Elle n'a évidemment pas le don de disparaître à un certain âge, comme si elle devenait inutile. Réfléchissons avec lui : dans la vie, nous ne passons pas tout notre temps soit à être actif, soit à réfléchir, absorbés dans nos pensées. Nous sommes aussi souvent « ailleurs ». Mais alors que faisons-nous ?

> « Ainsi, que faisons-nous lorsque nous écoutons une symphonie de Beethoven, que nous allons en pèlerinage dans une galerie de tableaux, que nous lisons *Troïlus et Cressida* ou que nous jouons au tennis ? Que fait un enfant assis par terre qui s'amuse avec ses jouets ? […] Il ne suffit pas de dire : que faisons-nous, mais aussi : où sommes-nous ? »

Nous avons la réponse : dans cette aire intermédiaire, le lieu de l'illusion, du jeu, de l'activité gratuite, où naissent et s'épanouissent l'essentiel des activités culturelles, ludiques, de la créativité. Le lieu où le langage côtoie culture, jeu et créativité.

Autour du « nouveau bébé »

Ce qui a changé n'est pas le bébé, mais le regard sur la petite enfance, ce qui dépasse le cercle des spécialistes et ne manque pas d'être diffusé et amplifié par les différents médias. Certaines émissions, par leur qualité, réussissent à enchanter tous les publics, celui que l'on appelle « grand » public et le public un peu plus averti, que l'on ne peut tout de même, par souci de symétrie, appeler « petit » !

Magazines, reportages, publicité… les titres sont les mêmes partout :

> « Quoi de neuf sur les bébés ? »
> « Sa majesté bébé. »
> « Mettre au monde l'enfant parfait. »
> « La "bébologie". »
> « Années 70 : le nourrisson à la mode. »
> « Votre bébé m'intéresse. »

Bien avant Brazelton, c'est le best-seller du Dr Spock, *Tout se joue avant six ans* (1945), qui rendit accessible à tous les émerveillements de l'adulte découvrant les aptitudes précoces du bébé. En même temps que les capacités souvent insoupçonnées du bébé plusieurs thèmes se sont imposés : le rôle structurant des relations qui se nouent entre l'adulte et le bébé, la notion d'âge fécond pour telle ou telle acquisition et l'idée qu'il est trop tard lorsque, faute de s'intéresser en temps voulu à l'enfant, on laisse passer l'âge des acquisitions essentielles, dont le langage.

Le thème de *la précocité* a beaucoup cheminé. Il est devenu évident que c'est bien « avant six ans » que tout se joue. On a dit : « trois ans »... puis le regard s'est intéressé aux tout débuts de la vie, même à la vie intra-utérine. Un autre regard sur le tout-petit a permis de réunir de nombreuses connaissances sur la précocité de certaines aptitudes.

Certaines *compétences précoces* du bébé se situent sur le terrain de la communication et du langage. Quelques exemples :

- tous les parents peuvent noter dès les premières semaines les capacités d'*imitation* du bébé. À trois ou quatre semaines, il fixe le visage de l'adulte, il ouvre la bouche, il tire la langue lorsque l'adulte le fait. Un peu plus tard, il cligne de l'œil. Le bébé ne se contente pas d'imiter l'adulte. Lorsque deux bébés de cinq ou six mois sont couchés côte à côte, à la crèche par exemple, il est fréquent que l'un imite les vocalises de l'autre, instituant l'amorce d'un dialogue, chacun reprenant les vocalises de l'autre ;
- les *capacités perceptives* ou *perceptivo-motrices* ont été étudiées par de nombreux chercheurs :

> M. Wertheimer (1971) observe la réaction d'un bébé qui vient de naître auquel sont présentés des clics sonores à droite, puis à gauche. L'enfant tourne les yeux à droite ou à gauche, en direction de la source sonore. Cette observation a profondément surpris, en 1961, pour plusieurs raisons. Elle montre en premier lieu que dès la naissance ce bébé perçoit un stimulus sonore. Qui plus est, il localise la source sonore, ce qui met en jeu le traitement du décalage sonore du son qui parvient aux deux oreilles. Le déplacement des yeux étonne plus encore ; il implique un mouvement oculaire alors que le stimulus parvient aux voies auditives. On peut évoquer une indistinction sensorielle : le bébé percevrait qu'il y a quelque chose sans préciser de quel stimulus il s'agit.
>
> Bower (1978) a apporté un grand nombre d'observations sur les aptitudes perceptivo-motrices chez des bébés de quelques jours.

En tenant l'enfant verticalement, devant lui, l'observateur fait approcher un objet près du visage. Le bébé se comporte comme s'il se « défendait » contre l'objet : retrait de la tête en arrière, mains devant le visage. L'enfant voit l'objet mais ses gestes laissent aussi penser qu'il en perçoit le mouvement, ce qui implique un univers à trois dimensions.

Parmi les capacités perceptives, la discrimination phonétique a retenu l'attention :

Condon et Sanders (1974) présentent à des enfants de douze heures différents enregistrements : anglais parlé, sons vocaliques isolés, bruits de frappe, chinois. En enregistrant les réactions des bébés on peut repérer de très légers mouvements des mains, des doigts, qui suivent le rythme de la parole, que celle-ci soit enregistrée ou dite à proximité. Ces réactions existent quelle que soit la langue parlée mais non lorsque l'enfant entend des bruits, même avec un caractère rythmique net. Cela laisse penser que ces bébés opèrent une distinction entre ce qui est de la parole et ce qui n'en est pas.

Il est très intéressant de noter que ces *synchronies interactionnelles* peuvent constituer le premier repère d'une amorce de communication avec le bébé. L'adulte qui parle, même s'il ne voit pas le mouvement de la main, perçoit sans doute intuitivement qu'il se passe quelque chose, ce qui l'encourage à parler dans la mesure où l'enfant perçoit quelque chose. Ces différentes publications montrent de façon sophistiquée ce que tout adulte attentif peut, plus ou moins, constater s'il voit dans le bébé un interlocuteur et un être déjà plein de capacités multiples qui ne demandent qu'à progresser.

On ne peut terminer ces brèves incursions sur le terrain des « psy » sans citer la fréquence d'une séméiologie « langage » en *psychopathologie infantile*. Retard simple d'enfants immatures qui continuent à parler « bébé » comme ils conservent des comportements, des goûts et des jeux infantiles ou manifestations plus sévères entrant dans le cadre du refus, de l'opposition, de l'agressivité, dont les contextes sont bien plus diversifiés (contexte de conflits alimentaires, de troubles du sommeil ou troubles du comportement). Ou encore troubles de la communication qui s'expriment par certains mutismes ou des bégaiements. Le langage en train de s'élaborer est au centre des problèmes relationnels de la petite enfance.

Jérome Bruner, un essai de synthèse

Profondément intéressé par les thèmes de la petite enfance, de la communication pré-verbale, des débuts du langage, Bruner est un homme de synthèse. Sans bâtir de théorie ou de système de pensée comme tant d'autres l'ont fait avant lui, il a si bien intégré (« uniquement en spectateur », précise-t-il) des tendances aussi diverses que la psychologie génétique, la grammaire générative et bien d'autres, qu'il réussit à emprunter aux unes et aux autres, dans le creuset intellectuel qui se trouve réuni, à Oxford, dans les années soixante-dix. Au formalisme de la décennie précédente succède le souci de saisir les aspects fonctionnels du langage. Non plus décrire, mais se demander comment cela fonctionne. L'attention se porte sur les conditions de production du langage, sur la fonction de communication :

> Outre ce qu'elles empruntent, de près ou de loin, à Piaget et à Chomsky, les vues de Bruner se trouvent au carrefour de courants qui séduisent alors les chercheurs :
> – les théories de l'acte de parole ;
> – l'éthologie, la biologie de la communication, notamment à travers l'œuvre de Niko Tinbergen ;
> – la pragmatique.

Bruner réunit de son côté une foule de données à partir de l'observation d'enfants entre la naissance et dix-huit mois, convaincu qu'il est que l'étude de l'enfant chez lui, dans son ambiance habituelle, avec ses partenaires réels, est bien plus vraie que les observations faites en laboratoire ou du moins dans un contexte artificiel[1]. Bruner n'a pas été le premier à réunir ce genre d'observations. Il n'a pas été le seul non plus, mais sa culture éclectique lui a permis d'en tirer des schémas qui apportent à la fois clarté et profondeur aux points de vue qu'il avance sur les débuts du langage.

L'étude de l'acquisition du langage jusque-là comportait celle des sons, des mots, de la morpho-syntaxe, et, pour certains, celle du discours en général. Bruner recentre les questions essentielles à ses yeux : la syntaxe, la sémantique (le sens) et la pragmatique (les usages et fonctions du langage). Trois facettes qui se développent en même temps.

L'un des mérites de Bruner est de faire saisir l'évolution de ce développement dans les nombreux *scénarios d'interaction* au cours desquels l'adulte et l'enfant communiquent dans la vie de tous les jours. Il s'applique à décrire la progression de ces scénarios et leurs différents types.

Pour arriver à cette synthèse, Bruner a minutieusement analysé le rôle formateur pour le jeune enfant des interactions sociales avec l'adulte et avec ses pairs. Les séquences interactionnelles sont très ritualisées avec un jeune enfant au cours des différentes occasions de contact : le réveil, le bain, le change, les repas, les sorties et aussi tous les moments de contacts « pour le plaisir », lorsque l'adulte et l'enfant ne sont pas forcément engagés dans une tâche matérielle commune.

Ces scènes peuvent être simplement notées ou enregistrées au caméscope. L'observateur prend toujours soin de situer le contexte, de relever tous les indices qui entrent dans le cadre de la communication en cours (sourires, gestes, attitudes corporelles) en même temps que les éléments vocaux ou verbaux.

---

1. Il raconte non sans humour : « Les problèmes liés au contexte et à la forme des échanges mère-enfant m'avaient déjà poussé à délaisser le laboratoire vidéo magnifiquement équipé mais artificiel de South Parks Road en faveur du désordre de la vie au foyer. Nous sommes allés vers les enfants au lieu de les faire venir à nous. » Les publications de Bruner sont très nombreuses en anglais. En français on peut consulter : *Savoir faire, savoir dire*, PUF, Paris, 1983, *Comment les enfants apprennent à parler*, Paris, Retz, 1987.

Tout un chacun peut essayer avec ses enfants ou des bébés de son entourage. Supposons que vous preniez des notes, vous constaterez rapidement qu'un seul observateur ne peut pas tout noter, c'est-à-dire regarder en même temps l'adulte et l'enfant, voir, écouter, écrire, ne négliger aucun détail. C'est ainsi que bien souvent deux observateurs collaborent et se répartissent la tâche. Ceux qui ont la possibilité d'enregistrer découvriront, en regardant leur film, bien des détails qu'ils n'avaient pas repérés en observation directe : des regards, des gestes de main ou des détails expressifs. Il faut voir et revoir plusieurs fois les enregistrements, en essayant de saisir ce qui se déroule en fonction du contexte.

On remarque rapidement que l'adulte est apparemment beaucoup plus actif et émet beaucoup plus de paroles ou de productions vocales que le bébé. Tout ce qui leur permet de communiquer colle au scénario en cours, à l'action qui se déroule (enregistrer et analyser une séquence comme : on sort du bain…). Lorsque le bébé grandit et commence à produire des vocalises, des jeux de syllabes, on ne peut les interpréter comme une imitation, ou une réponse, ou une initiative, que si l'on prend en compte l'ensemble de la scène. Un peu plus tard encore, lors des premiers mots, on ne peut leur attribuer un sens que si l'on situe le contexte et connaît les habitudes verbales communes des partenaires.

L'un des thèmes favoris de Bruner est que, « pour comprendre ce que dit un bébé, il faut savoir ce que fait ce bébé ». À ses débuts, le langage colle à l'immédiat, à l'action. Plus tard évidemment, on comprend ce que dit un adulte même si l'on ne sait rien du contexte, mais ceux qui s'occupent de jeunes enfants ne doivent jamais oublier ce lien langage-action du tout début ; certains enfants en difficulté arrivent mal à utiliser un langage détaché de l'action.

Bruner fait remarquer aussi un comportement maternel qui semble aller de soi dès qu'il est repéré et dont le rôle structurant est considérable. Au cours de leurs activités communes, la mère commente et interprète constamment – ou du moins très souvent – les actions du bébé (il fait la grimace dans le bain : « Tu trouves l'eau trop froide ? », « Tu veux sortir ? »). Elle soutient l'attention de l'enfant ou tente de prolonger une action (il regarde avec beaucoup d'intérêt un jouet qu'il a dans la main : elle élimine les causes de distraction, l'aide à tenir l'objet). Dès que l'enfant produit des bruits, des sons ou des ébauches de mots, elle interprète et traduit ce qu'il est censé dire. S'il existe un « dispositif inné », il ne peut fonctionner sans l'intervention d'un parent actif.

L'enfant devient de plus en plus actif et participe de plus en plus à ce qui se joue dans ces scénarios ; l'évolution extraordinairement rapide des productions de langage est soulignée par Bruner comme par d'autres chercheurs. D'après lui, ces prodiges d'acquisition ne pourraient se produire si l'enfant ne possédait pas des capacités uniques le prédisposant à acquérir le langage. Quelque chose qui ressemble au LAD (*language acquisition device*) de Chomsky. Bruner a le mérite de dire clairement que ce dispositif ne fonctionnerait pas sans l'aide qu'apporte l'adulte, qu'il présente comme un « système de support pour l'acquisition du langage » (LASS : *language acquisition support system*).

Parmi les usages du langage à ses débuts, nous allons choisir l'un des thèmes bien décrits par Bruner : *l'évolution de la demande*. La demande est un usage du langage particulièrement ancré dans le contexte.

Au tout début, les signes de demande sont peu repérables : le bébé gesticule, crie, essaie de toucher. Sa mère tente d'interpréter (de deviner ?) qu'il « veut » tel objet.

Autour de huit mois, Bruner note deux progrès dans la demande. D'une part, les cris s'arrêtent de temps en temps, comme si l'enfant laissait un blanc pour voir si son appel est saisi. D'autre part et surtout apparaît la première tentative de geste conventionnel : il tend la main vers l'objet qu'il veut atteindre avec une petite vocalisation. Ce n'est pas encore « montrer du doigt », c'est « demander » en tendant la main vers l'objet désiré. Bruner décrit alors trois types de demandes :

– *la demande d'objet*, qui évolue de façon décisive autour de quatorze/dix-huit mois lorsque l'enfant demande un objet absent. La seule façon de se faire comprendre est de le nommer. Les tâtonnements qui cheminent entre un an et deux ans montrent que l'enfant apprend en même temps les habitudes et les limites. Bruner donne l'exemple d'un enfant qui vient de boire du lait et tend sa tasse vide en réclamant « encore ». Si l'on ne s'intéresse qu'aux mots, on note simplement que l'enfant sait dire « encore ». En analysant le scénario, il est évident que l'échange est infiniment plus instructif. Que va-t-on répondre à l'enfant ?

On peut lui redonner du lait, sans commentaire ou en racontant : « Tu en veux encore ? Allez, c'est fini, après. » D'autres fois : « Non, il n'y en a plus, regarde, rien dans le frigo. » Ou encore : « Non, tu as bu assez de lait » ; « Tu veux autre chose ? »

Ces exemples montrent à quel point les acquisitions linguistiques collent aux acquisitions culturelles : à l'occasion de ses demandes l'enfant apprend ce qui est possible, permis, habituel, et amasse un stock d'expériences existentielles qui organisent sa connaissance de la vie.

Les enfants commencent à utiliser le langage parce qu'ils en ont besoin, pour obtenir quelque chose.

– *les invitations à des actions conjointes*. Il s'agit d'activités communes, partagées par l'adulte et l'enfant. Les premières demandes sont un peu des mimes (sur les genoux de l'adulte, le bébé ébauche un rythme : on a l'habitude de le faire sauter), puis, lorsque l'enfant a une autonomie motrice, des demandes plus directes encore (il veut aller faire une promenade et le demande en allant chercher la poussette). Autour de deux ans, il maîtrise des formules d'invitation : « roner » (pour promener), « maman promenade », ou sait dire qu'il ne veut plus : « pas courir »…
– *les demandes d'aide*. L'enfant demande à ce qu'on le change de position (sortir de sa chaise, être pris pour mieux voir par la fenêtre). Il demande de l'aide pour réaliser une action qu'il ne réussit pas tout seul (ouvrir une porte, une boîte, déplacer un objet coincé) et cela demande qu'il ait une idée du fonctionnement de l'objet et du résultat qu'il veut obtenir. Il demande encore de l'aide ou des informations pour mener à bien une activité qu'il veut poursuivre : ouvrir une boîte,

dévisser, faire fonctionner un nouveau jouet.

Fréquentes surtout après dix-huit mois, ces deux dernières formes de demande impliquent une appréciation fine par l'enfant de très nombreux facteurs : saisir la complicité de l'adulte et évaluer l'éventail des possibilités au sein de leur relation. Apprendre à faire une demande ne se résume pas à apprendre les mots qui demandent ; c'est aussi apprendre des habitudes culturelles et la manière de faire les choses par le langage dans cette culture.

Les chapitres suivants nous donneront souvent l'occasion de revenir sur ces « références communes ». L'acquisition du langage est éclairée, en toutes ses facettes, par chacune des disciplines qui ont été évoquées. Toutes ont aussi leur mot à dire sur les troubles du langage et, à plus forte raison, sur les attitudes et les interventions qui peuvent faciliter l'accès au langage de l'enfant.

2

L'acquisition du langage

Quand situer les débuts du langage ? Chacun a certainement sa réponse. Mais il est difficile d'être affirmatif. À dire vrai, personne ne sait trop quel critère adopter : est-ce lorsque l'enfant commence à gazouiller ? lorsqu'il dit ses premiers mots ? une phrase ?

Je propose de partir d'exemples. En prêtant attention aux petites scènes banales de la vie quotidienne, on saisit comment se mettent en place les tout débuts[1].

Maman tient Dimitri, deux mois, dans son bain. Regards intenses, voix rieuse de maman : « Arre… oui mon bébé… mon chéri, arre… » Grand sourire de Dimitri, qui bouge les lèvres, produits de petits « eee », en inspirant, puis des sons ténus. Dans un léger mouvement de va-et-vient, comme un balancement ou un bercement.

Quelques jours plus tard, Dimitri sur les genoux de maman. Début muet : ils se regardent. Un regard intense, long sourire

1. Ces exemples figurent dans le film vidéo, *Les Débuts du langage*, réalisé par P. Aimard et F. Bazin au Service vidéo et cinéma de l'Université Claude-Bernard, 8 avenue Rockfeller, Lyon, G. Dittmar éditeur. On peut se le procurer auprès de l'Association pour la promotion de l'orthophonie : BP 8026, 69352 Lyon cedex 08.

prolongé, puis l'enfant roucoule un long « rrr » suivi de « aeee » en modulant sa voix. Il recommence et reprend, avec une expression presque grave, comme s'il faisait quelque chose de très important. Maman intervient très peu, répond des « are ». Une ébauche de conversation.
À quatre mois dans son « relax ». Maman le fait manger à la petite cuiller. Les yeux dans les yeux, climat rieur. La cuiller dans la bouche, la lèvre inférieure a un mouvement rythmique comme lorsqu'on dit « bababa », mais on ne perçoit que le petit bruit de la lèvre contre la cuiller. À la bouchée suivante, l'énergie redouble, Dimitri force sa voix, dit des sons qui se situent entre « bbbb » et « mmm », suivis d'un bon rire de gorge. La voix de maman approuve : « Oh ouiiii… », et Dimitri à son tour, dès qu'il a avalé, renvoie, en écho, l'imitation de cette intonation.

Ces trois moments d'*interaction adulte-enfant* sont des scènes de communication tout à fait courantes. Tout un chacun peut vivre des moments semblables à tous moments avec ses propres enfants. On peut y saisir l'essentiel des *tout débuts* du langage.

Les partenaires : maman et l'enfant ou l'adulte et l'enfant. L'adulte ne cherche pas à apprendre quelque chose à l'enfant ; ils sont heureux ensemble. La communication passe par les regards, les sourires, les postures, la voix.

On voit le bébé progresser au cours de ces trois brèves séquences qui ne sont séparées que de quelques semaines : il participe de plus en plus activement aux échanges, le *répertoire des sons* qu'il produit s'enrichit, il commence à imiter *la mélodie*. Dans d'autres scènes l'enfant émet des petits *signes d'appel*, comme s'il venait chercher l'attention de l'adulte. Il est alors l'initiateur de la communication.

Ces exemples montrent que les débuts du langage – c'est bien au début du langage que nous assistons – sont pris dans tout un réseau de communication sans lequel on ne peut apprécier les acquisitions de la première année. On pourrait se contenter de décrire la progression (des sons, des mots, des phrases). Ce serait bien plus simple, mais la lecture du chapitre précédent a, je l'espère, convaincu qu'ainsi isolées ces données ne signifient pas grand-chose.

Repères moteurs

3 mois	Maintenu assis, le bébé tient sa tête droite. Attire son drap à sa bouche et le suce. Regarde fixement ses mains.
3-6 mois	Préhension manuelle réflexe.
6-8 mois	Reste assis avec un léger soutien. Saisit un objet, tape sur la table avec l'objet qu'il tient, s'amuse du bruit produit.
8 mois	Opposition du pouce pour saisir un petit objet. Joue à faire tomber un objet et cherche l'objet qu'il vient de lâcher. Regarde son visage dans un miroir.
10 mois	Se déplace en rampant ou à quatre pattes. Passe de position couché sur le dos à couché sur le ventre. Tient debout dans son parc. Mouvements de marche.
12 mois	Utilisation manuelle de plus en plus précise : il manipule, déplace, transporte, range, dérange. Tient un crayon, gribouille. Marche.
15 mois	Boit seul au verre.
18 mois	Imite les activités de la maison (ménage, téléphone, écrire). Tourne les pages d'un livre. Grimpe sur une chaise d'adulte et en descend. Aide quand on l'habille.
20 mois	Monte l'escalier en tenant la main.
24 mois	Monte l'escalier seul. Aisance accrue pour sauter, courir, grimper, se déplacer sur des véhicules à trois ou quatre roues. Coup de pied dans un ballon sur ordre. Assemble deux objets qui vont ensemble.
30 mois	Porte un verre d'eau ou un objet fragile. Essaie de tenir sur un pied. En dessin, imite un trait vertical, un trait horizontal.
30-36 mois	Enlève ses chaussettes. Essaie de mettre ses chaussures. Défait une fermeture éclair. Aide quand on lui lave les mains. Marche sur une ligne droite, sur les pointes, à reculons. Pieds alternés pour monter l'escalier. Saute à pieds joints la dernière marche. Mange seul. Dessin : imite un cercle, ébauche « bonhomme ».

Quelques préalables. Ce ne sont que des rappels, mais il faut toujours les garder à l'esprit, même s'ils semblent des lapalissades :

– chaque enfant progresse *à son rythme*. On fournit des repères qui correspondent à une moyenne, les acquisitions suivent à peu près toujours le même ordre mais la vitesse des progrès varie beaucoup. Personne ne s'étonne des variantes pour l'âge de la marche ou des premières dents. Elles existent aussi pour le langage. En fournissant des repères précis (à tel âge l'enfant dit ceci et cela), on donne un tour bien trop rigide à la réalité, au risque de rendre bien des parents inutilement inquiets...
– le langage est *pris en bloc* dans l'ensemble des acquisitions que fait l'enfant : éveil, sentiments, motricité, perceptions. On ne comprend rien au langage si on l'isole du reste. Comment réagit-on lorsqu'un enfant de trois ou quatre ans ne parle pas ou à peu près pas ? L'accord est général : ce retard de langage n'est pas normal. Mais l'inquiétude différera totalement selon que cet enfant progresse normalement par ailleurs ou s'il est en retard aussi dans d'autres domaines, comme la motricité, l'autonomie. Lorsque se posent des questions sur le langage, on pense obligatoirement au développement de l'enfant dans d'autres domaines, en comparant par exemple niveau d'activités/niveau de langage et, à peu près toujours, acquisitions de langage/acquisitions motrice ;
– dans ce chapitre consacré à l'acquisition du langage on trouvera d'autres termes, qui signifient à peu près la même chose que « acquisition », « développement » ou « ontogenèse » (ils renvoient plus aux facteurs de maturation qui sous-tendent les progrès), « mise en place », « construction » du langage ; ce dernier terme souligne bien le rôle actif de l'enfant. Ces termes sont à peu près équivalents. Par contre, on ne parlera pas d'apprentissage ou d'enseignement du langage. Pourquoi ? L'évolution décrite est celle qui suit son cours, naturellement, qui est en quelque sorte inscrite dans l'évolution normale d'un enfant. Les débuts du langage ne sont pas l'objet d'un apprentissage. Ce que l'on peut apprendre à un enfant s'appuie sur ce que lui-même a déjà construit : on

enrichit, on améliore son langage, mais cela ne se situe pas au tout début.

Nous allons suivre l'évolution de l'enfant. Au risque de le répéter trop, je soulignerai encore que ce découpage par tranches d'âge n'est utilisé que parce qu'il est pratique mais ne veut nullement fournir des « niveaux » ou des « stades ». Il existe pour chaque enfant continuité et intrication : les différentes facettes du langage se mettent en place en même temps. Il n'y a pas un temps pour les sons, un autre pour les mots. Tout évolue en même temps. Les grandes lignes avant de développer ces thèmes :

Au cours de la *première année* :
- richesse de communication pré-verbale avec les proches ;
- dès deux ou trois mois, le bébé module sa voix, produit différents sons, c'est le début du babil ;
- à huit ou dix mois apparaissent les redoublements syllabiques : bababa.

Au cours de la *deuxième année* :
- il continue à acquérir les phonèmes de sa langue maternelle ;
- les premiers mots, le vocabulaire se construit ;
- vers deux ans : assemblage de deux ou trois mots : les « premières phrases ».

Au cours de la *troisième année,* tout ce qui avait démarré continue et s'enrichit très rapidement :
- la plupart des phonèmes ;
- explosion du vocabulaire ;
- acquisition des formes grammaticales.

Trois ans est un âge clé : l'enfant dit « je », il comprend à peu près tout le langage courant. C'est l'âge des questions.

Résumée à ce point, l'acquisition du langage n'est pas très parlante ! Elle l'est beaucoup plus lorsqu'on entre dans le détail.

La première année

Revenons aux échanges Dimitri-maman. Les paroles que reçoit l'enfant, les quelques bruits et sons qu'il produit ne prennent leur sens que situés dans leur contexte, soutenus par tous les éléments non verbaux ou pré-verbaux de la communication. Il en est ainsi dans toutes les séquences d'interaction[1] avec un tout-petit.

L'enfant acquiert ainsi, dès les premiers mois et tout au long de sa première année :

Des capacités interactionnelles « pré-verbales »

Les échanges entre Dimitri et maman utilisent tous les moyens de communication que l'on qualifie souvent de « pré-langage », c'est-à-dire :
– ce qui passe par le corps, les attitudes, les postures ;
– les regards ;
– les sourires ;
– les gestes ;
– la voix et ses modulations.

Productions vocales, le babil

Initialement le tout petit bébé produit des *cris*. Pris comme fatalité par des adultes résignés (« Tous les bébés crient », « Il se fait les poumons »), ils sont plus justement interprétés comme des signes d'inconfort ou d'appel ; ils diminuent à mesure que l'enfant se met à utiliser sa voix de façon différente. De petites productions vocales sont émises au début un peu par hasard, comme simple mise en fonctionnement des organes de la phonation. Selon qu'il est couché sur le dos ou

1. Les interactions sont les actions et interventions de chacun dans les échanges entre deux partenaires. Les actions de l'un influencent celles de l'autre et vice-versa, ce qui crée un jeu circulaire où l'on ne sait souvent plus bien qui a été l'initiateur : bébé sourit, maman « répond », lui parle et sourit, ce qui entraîne une nouvelle « réponse » de l'enfant qui roucoule… On dit aussi séquences interactionnelles, ou tout simplement : communication.

non, qu'il vocalise sur le temps expiratoire de la respiration ou en inspirant, la forme sonore va varier. Puis les mouvements de hasard vont être modulés par l'imitation. Lorsqu'un bébé de quelques mois vous regarde et que vous lui parlez, il fixe votre bouche et fait de grands mouvements de lèvres. L'énergie et l'application de sa gesticulation vous amusent d'autant plus que bien souvent aucun son n'en résulte. Rien d'étonnant à cela : il ne suffit pas de bouger les lèvres pour parler ; l'enfant doit produire de façon synchronisée des mouvements fins d'une grande complexité qu'il ne maîtrise que petit à petit.

Les premiers sons du *babil* sont à peu près les mêmes dans différentes langues étudiées :

- « *a* » inaugure les voyelles, suivi de « *é* », « *i* », « *ou* » ;
- les consonnes antérieures, « *p* », « *b* », sont suivies par les nasales, « *m* », « *n* ». Les formes sont souvent imprécises au début (est-ce « *p* », « *b* », « *d* » ?) puis ressemblent de plus en plus aux phonèmes de la langue ;
- certains phonèmes ne sont articulés qu'au cours de la troisième ou quatrième année et il n'est pas rare que des difficultés articulatoires persistent encore à cinq ou six ans.

Le babil évolue. Au début l'enfant produit n'importe quels sons et tous les bruits de bouche possibles, comme un babil « sauvage ». Puis, du fait même de son fonctionnement, ce babil évolue en se conformant de plus en plus aux modèles phonétiques entendus, c'est-à-dire qu'il va progressivement se limiter au système phonétique de la langue maternelle.

Cette évolution se comprend aisément. Tout d'abord l'enfant entend le son qu'il produit et il se crée un lien indélébile entre la forme acoustique produite et le schéma complexe du geste moteur qu'il accomplit en articulant tel phonème. Dès cinq ou six mois il se plaît à répéter, pour lui-même, des sons qu'il vient de produire à la fois par plaisir et comme s'il s'exerçait. Ces *auto-imitations* renforcent le lien « forme acoustique-forme motrice », qui est comme un schéma mémorisé du phonème. Dès ces premiers rodages, il est probable que certains enfants ont besoin de s'entraîner plus que d'autres et qu'ils y prennent plus ou moins de plaisir.

Hétéro-imitation aussi. Le bébé entend constamment parler les adultes autour de lui, des productions ne comportant que le répertoire phonétique de la langue qui prennent valeur de modèle.

Sans que cela soit une règle ou une nécessité, il va de soi que le bébé est plus entraîné à reconnaître et à reproduire ces phonèmes-là. Lorsqu'il est en conversation avec l'adulte, ce dernier de son côté a plus tendance à répéter et à valoriser, sans même y réfléchir, les sons qui appartiennent à la langue courante, en félicitant : *bravo, c'est bien, oui « arrre »*. Le « *r* » qu'il renvoie avec ses félicitations est bien le « *r* » que prononce le plus grand nombre des Français ; il n'est ni le « *r* » d'un Russe, ni celui d'un Anglais ou d'un Espagnol. Par un jeu d'imitations, de répétitions, de renforcements, de corrections (donner la forme correcte), l'adulte modèle *le répertoire phonétique* du bébé, dont l'oreille et les organes de la phonation vont être habitués et entraînés à nos phonèmes et non à ceux de nos voisins.

On remarque au passage comment on peut situer ici, dès les premiers mois, les avantages naturels du bilinguisme. Chez un bébé qui vit dans la familiarité de deux langues maternelles, l'oreille et les organes effecteurs vont être entraînés, formés, aux phonèmes des deux langues. Dans cette situation l'enfant construit un répertoire phonétique plus étendu. Quand tout va bien, l'enfant va parler ces langues sans accent alors que tous connaissent les difficultés auxquelles se heurte un adulte ou même un enfant d'âge scolaire pour lequel ces notions doivent être, plus tard, l'objet d'un apprentissage.

Il y a bien plus qu'imitation dans le babil. Il est pour le bébé plaisir de jouer, avec sa voix, avec les sons. Il est l'occasion de premières habitudes de jeu, lorsque le jeu est exercice, lorsqu'il est maîtrise et aussi jeu jubilatoire. Il y a bien une réelle jubilation dans le babil, comme on voit le bébé de cet âge gigoter, agiter bras et jambes en pédalant. Le babil prend de plus en plus d'importance dans l'ébauche du dialogue. De vraies petites conversations ponctuent des moments d'intimité.

Les situations qui favorisent le babil ont été très étudiées. Dès trois ou quatre mois, on remarque que les bébés qui jargonnent beaucoup ont généralement des mères plutôt bavardes, mais rien ne permet de voir dans quel sens il faut interpréter cet entraînement. On peut penser que la mère qui parle souvent au bébé, qui lui adresse des tas de commentaires et de cajoleries verbales, amène l'enfant à lui répondre par des vocalises. L'initiative peut au contraire être attribuée au bébé : celui qui babille beaucoup incite plus l'adulte à lui parler ou à jouer vocalement avec lui. Il est probable qu'il n'existe pas de schéma unique et que ce jeu de facilitation fonctionne dans les deux sens.

On voit très tôt se dessiner aussi dans ces échanges précoces des *paramètres temporels* (Bloom, 1988) : l'adulte parle au bébé et marque des pauses. Les propos les plus simples introduisent ainsi souvent une invite, comme si l'adulte s'attendait à ce que le bébé prenne la parole : « Coucou, mais oui, il est gentil ce bébé... hein ? C'est vrai, hein... » ou : « Mais, oui i parle, oh lala, c'est difficile ! qu'est-ce qu'il dit à maman ? » Même si le bébé ne produit aucun son, ces propos laissent des « blancs », et apparaissent comme des pré-formes des dialogues ultérieurs. On parle de *tour de rôle* dans ces tournures temporelles qui commencent, dès les tout débuts, à inscrire dans les échanges les modèles standard du dialogue. Chacun à son tour dans le dialogue.

C'est vers dix mois ou un peu après que l'enfant prend plaisir à jouer avec des formes répétées, en assemblant deux phonèmes comme « dadada », « bababa », « papapa ». On parle de *reduplication syllabique*. Il en sortira les premiers mots.

Quel est le bilan *à la fin de la première année* ? Habituellement :

- le bébé produit un babil déjà riche ;
- il produit des bruits de lèvres et de langue, des « brr », « la pluie », des claquements de langue. Ceux-ci ne vont pas avoir de devenir particulièrement lié au langage, mais il faut en connaître le fonctionnement lorsqu'on s'occupe d'enfants qui ont une gêne motrice et qui n'ont pas pu connaître ces plaisirs moteurs simples à l'âge où il est normal de les voir advenir ;
- il joue beaucoup avec sa voix, les bruitages et les phonèmes qu'il a acquis ;
- il imite quelques intonations de l'adulte (une courbe chantante, la voix fâchée, des injonctions brèves) et certains bruits comme la toux ;

– il utilise des gestes significatifs pour dire : au revoir, merci, ou pour jouer (coucou) ;
– il comprend… la *compréhension* est plus difficile à évaluer avec précision. En effet les quelques mots qu'il comprend sans doute sont toujours prononcés en situation alors qu'un faisceau d'informations de tous ordres véhiculent en même temps le même message. Dans : « Je vais t'habiller », « On va aller se promener », on ne sait ni quel mot de la phrase participe à la saisie du sens, ni si l'enfant est uniquement informé en voyant qu'on se dirige vers sa poussette.

Il comprend depuis longtemps certaines intonations : la voix chaude et roucoulante de maman, des ordres secs, des « non, non, non » impératifs. Il en comprend ainsi certains éléments fonctionnels ou émotionnels. Tous reconnaissent la part importante qui revient à la prosodie, très tôt, dans les relations de l'enfant et l'acquisition du langage.

C'est ainsi que dès douze ou quinze mois, avec quelques vagues mots, beaucoup de jargon, des intonations, des gestes… et l'aide de maman, il tient de *vraies conversations* :

> Dimitri, debout contre l'angle de son parc, en fin de journée, un peu fatigué, le biberon dans la main droite. Maman énumère des prénoms de personnes proches : «… et Mamy. »
> Dim. : Mamy ! Mamy ! Mamy !
> Maman : Oui, Mamy, on va aller la voir bientôt Mamy […]. Tous ceux qu'on a vus aujourd'hui au Parc.
> Dim. (des productions vagues, à voix basse, comme dans un souffle) : Pa… yé… ya (accompagné d'un geste précis, montre « là-bas » en pointant son biberon).
> Maman : Oui, Poupa ! elle était là Poupa. Elle est venue vous voir, elle est venue vous garder.
> Dim. : K… k… tata dodo.
> Maman : Oui. Tata fait dodo, oui monsieur…
> Dim. : Bb… bbou
> Maman : Et ça, c'est ton biberon !

Il manque évidemment l'intonation qui donne tant de vie à ces premières conversations. On remarque surtout l'omniprésente interprétation du discours de l'enfant par sa mère qui donne un sens à de vagues ébauches. Celles-ci ne sont comprises que dans cette intimité, en prêtant une attention absolue à ce que dit et fait l'enfant. L'enfant entend cette voix familière qui dit en vraies phrases ce que lui-même esquisse : on perçoit aisément le rôle structurant des énoncés de l'adulte.

Disons tout net qu'il n'est pas normal qu'un bébé d'un an ne babille pas, ne fasse pas de bruits de bouche, n'essaie pas d'imiter la voix.

La deuxième année

Tout ce qui s'est amorcé continue : l'acquisition du système phonétique, les jeux d'imitations, les exercices, le plaisir de dialoguer, les répétitions de syllabes et leurs variantes. La compréhension s'affine.

Nous allons nous intéresser surtout aux deux événements les plus représentatifs : l'apparition des premiers mots avec le début de la constitution du lexique et, vers la fin de la deuxième année, l'assemblage de deux ou plusieurs mots qui sont fêtés comme « première phrase ». Pour faire court, nous dirons : le lexique, les phrases.

Le lexique

« Papa » et « maman »

Les premiers mots sont à peu près toujours « papa » et « maman ». Rien d'étonnant. « *a* » est généralement la première voyelle prononcée, « *p* » et « *m* » sont dans le groupe des premières consonnes. Le redoublement des « papapa » est rodé depuis longtemps. Un beau jour le statut de ces formes sonores change : il dit « papa » en voyant entrer papa ou en découvrant son cartable. Il s'agit bien d'un mot.

L'usage de ces deux premiers mots est longtemps flottant. En dehors de son emploi comme mot, « mama » ou « maman » est souvent produit par le bébé dans les moments d'impatience, d'agacement, voire de rage. Parfois au contraire comme cajolerie. Dans de nombreuses langues des analogies existent entre les sons qui disent « maman » et le répertoire sonore qui accompagne la nourriture (« miam-miam », « mmm » = c'est bon). Pour certains « mama » est maman mais aussi le biberon !

Il existe encore, pendant un certain temps, tout un flou dans l'emploi de ces deux premiers mots : l'enfant dit souvent « maman » à son père ou le contraire. On ne sait s'il se trompe (cela serait étonnant) ou s'il joue. Il joue probablement ou taquine parfois.

Les autres premiers mots

« Papa » et « maman » sont tellement attendus, sollicités, surinvestis, qu'ils ont un statut à part dans les productions de l'enfant. La surprise réside plutôt dans le premier mot autre que « papa » et « maman ».

Rien ne permet de prévoir quel sera ce premier mot. Forcément un mot simple, concret, parlant de la vie quotidienne de l'enfant. La forme en est souvent simplifiée, à peine reconnaissable. Il est probable que bien des premiers mots échappent à l'entourage. Nous les saisissons lorsque nous sommes témoins, en situation, de la démarche de l'enfant qui établit un lien spécifique entre la forme sonore qu'il produit et ce qu'elle est censée représenter.

Par exemple, A. Grégoire (1947), cité dans nos références communes, rapporte le premier mot de son fils qui voulait dire « train ». Le train qui passait plusieurs fois par jour devant sa fenêtre était très important. L'enfant utilisa plusieurs formes floues, avec de nombreuses variantes, comme « tètètè », où se mélangent le mot « train » et le bruit du train. L'intérêt de l'enfant et la place des trains dans son univers ne laissaient aucun doute : ces vagues ébauches ne pouvaient être interprétées que comme des mots. Outre la familiarité, la répétition, l'intérêt de l'enfant.

Un autre exemple montre combien il est difficile de saisir, d'analyser et d'étiqueter « premier mot » les productions du jeune enfant. Le premier mot de Juliette, peu après un an, concerne la « dénomination du chien de la maison »[1]. Comment parle-t-elle du chien ?

> Les premières productions sont des imitations de l'aboiement du chien lorsque l'enfant l'entend (treize mois).
> Puis ce sont de nombreuses variantes phonétiques autour du nom du chien (pas facile à prononcer, il est vrai : Klys !) : « kès », « ès », « tès », « kis », qui occasionnellement est employé aussi pour l'écureuil et parfois introduit dans des expressions qui copient celles de l'adulte. D'un ton impératif : « Kys ala ! », comme l'adulte dit : « Viens là Kys ! » (dix-huit mois).
> L'imitation – facile – de « toutou » : « tato », « toutou » (seize mois).
> Des formes qui ressemblent au mot « chien » : « cha », « (pe) ticha », « ien » (dix-huit mois).

Les premiers mots rendent immédiatement service à l'enfant, ils lui permettent de parler de personnes ou de choses qui comptent dans sa vie : le chat, bébé, dodo, sucette, à boire, bisou, pain, chaussures, encore ; ils lui permettent de demander ce qu'il veut.

Le rôle de l'adulte est multiple dans ces acquisitions. Il est, en premier lieu, *pourvoyeur de modèles.* Nous avons tous remarqué que le jeune enfant répète très souvent la fin de notre phrase, le ou les derniers mots, comme un petit écho. On parle d'*écholalie*, ce qui est constructif, puisque l'enfant répète et mémorise ainsi la forme des mots et prend l'habitude de les employer. Cela ne signifie pas encore qu'il dit ce mot, comme

---

1. Nicolas-Jeantoux C., *Juliette apprend à parler entre 12 et 24 mois*, Paris, Masson, 1980. L'auteur, qui a une formation d'orthophoniste et de linguiste, étudie les acquisitions de sa fille Juliette pendant cette année particulièrement riche. L'attention est essentiellement portée aux formes linguistiques employées par l'adulte et par l'enfant dans leurs interactions et, du fait de l'âge, aux tâtonnements et aux productions phonétiques de l'enfant. Deux exemples seulement concernent les premiers mots, l'auteur estimant qu'à partir de deux ans les acquisitions sont tellement rapides qu'il devient impossible de noter tous les mots acquis.

lorsqu'il aura l'initiative de montrer ou de demander, mais il y a là tout une étape de préparation, de stockage de modèles, d'entraînement.

> Quelques exemples empruntés à C. Nicolas-Jeantoux, citée précédemment, entre un et deux ans. On remarque que l'enfant ne répète pas forcément un mot isolé mais un morceau de l'énoncé maternel : ce peut être un mot ou une ébauche de construction, disons un « morceau de discours » dans lequel un mot central nous intéresse ici.
> Maman : Le bébé ? Il est au début le bébé, il est là.
> Enfant : Ela bébé.
> Maman : Là, elle saute. La biche saute.
> Enfant : È chote (elle saute).

L'adulte renforce et *précise* ces premiers mots. Leur prononciation est tellement approximative qu'il est souvent difficile de saisir ce que veut dire l'enfant. Il faut déjà comprendre, puis traduire ou redire dans la bonne forme ce que l'enfant prononçait à sa façon. Ce bon modèle (ce que l'on appelle un *feed-back correctif*) a un rôle très structurant pour la construction du lexique. L'adulte le plus attentif a souvent bien du mal à remplir correctement cette fonction :

> Xavier choisit ce qu'il veut pour goûter et réclame avec insistance « i », ce qui, vous l'avouerez, même en connaissant bien l'enfant et en ayant à portée de main tout ce qui peut le combler, constitue une drôle de devinette.
> Il faut questionner, sans montrer d'impatience, car l'enfant sait tout à fait ce qu'il veut et connaît très bien le vrai mot, il l'a dans la tête avec précision, même s'il est tout à fait incapable de le prononcer. Bientôt, à bout d'idées :
> — Tu veux des biscottes ?
> Signe de tête négatif.
> — Des chips ?
> Toujours non. La tension monte !
> — Des Krispies.
> Oui. Sauvé !
>
> Aurélien, à deux ans, ne se lasse pas de demander : « roné » (= promener) ; et particulièrement de *me* le demander, car la pro-

menade est une de nos occupations préférées. Après une assez longue absence, j'arrive chez lui ; avant de dire bonjour, de manifester quoi que ce soit, il file chercher ses vêtements et m'accueille d'un « roné ! » enthousiaste. D'autres fois, nous sommes occupés à un jeu qui lui plaît et il file, sans rien dire, il va chercher manteau et bonnet puis me tire, d'un ton impératif : « Roné ! »

Nous verrons mieux après deux ans quels sont ces premiers mots et comment s'organise le lexique.

Premiers assemblages de mots, premières « phrases »

Nous allons parler de ces productions sans préciser ce que l'on entend par « phrase ». On qualifie de *holophrase* (De Laguna, 1927) ou mot-phrase ces énoncés qui, au cours de la seconde année, utilisent un seul mot mais en disent bien plus, comme « tombé », « pati ». Rien n'en sépare les amalgames que l'enfant produit globalement comme :

apu (il n'y a plus),
tisa (le petit chat),
tèto (c'est chaud).

Nous saisissons bien ici encore que l'enfant construit sa langue à partir des formes orales qu'il entend ; rien ne lui indique les limites des mots, il acquiert des pans de discours.

Quelques exemples des premières phrases dont nous verrons de plus près la structure et l'évolution après deux ans :

poum pa tè (par terre),
dodo ni (fini),
tèto (c'est chaud),
bébé peu (pleure), en parlant de lui, lorsqu'on le gronde,
ci papa (merci),
unotéfan (un autre éléphant), en continuant un dessin qui est censé représenter un éléphant.

Ces phrases simples expriment plus qu'un seul mot. Convention de politesse (merci papa), elles constatent ou ponctuent une réalité importante pour l'enfant (tombé par terre, c'est chaud), avec le ton décidé de l'action (dodo fini) (un autre éléphant) ou introduisant un commentaire affectif (bébé pleure). On trouverait bien d'autres fonctions dans d'autres exemples. Ces phrases, réduites grammaticalement à un flou peu structuré, sont d'emblée expressives et fonctionnelles dans les échanges verbaux de l'enfant avec ses proches.

Résumons : un enfant de deux ans dit au minimum une dizaine de mots autres que « papa » et « maman », il en comprend un bien plus grand nombre. Il produit de petits énoncés ou amalgames dans lesquels on peut voir l'ébauche des premières phrases. Il parle pour le plaisir, en discutant avec ses proches, il a l'initiative de dire des commentaires, d'exprimer certains sentiments.

La troisième année

C'est pendant cette année particulièrement féconde que se met en place l'essentiel des structures de la langue. Trois ans est l'âge d'or du langage enfantin.

Nous allons suivre l'évolution des principaux aspects qui cheminent : le système phonétique, le lexique, les formes grammatico-syntaxiques. Puis nous ferons le bilan des trois ans.

Les acquisitions phonétiques, la chaîne parlée

La plupart des enfants de moins de trois ans emploient des formes simplifiées, avec une petite voix aiguë, un débit rapide. Les non familiers ou les adultes peu attentifs ne les comprennent pas.

Ils prononcent peu de consonnes. Les consonnes difficiles à prononcer manquent ou sont déformées, notamment les consonnes constrictives (*f-v, s-z, ch-j*). Ils prononcent bien peu de « *r* », parfois pas du tout.

Les doubles consonnes (*fl, fr, cr, tr*) sont à peu près absentes. Les voyelles sont généralement toutes prononcées, mais pas forcément de façon très fixe, et pas toujours nettement dans tous les mots.

Ils sont incapables de produire des morceaux de discours longs, c'est-à-dire de quatre ou cinq syllabes, un peu plus parfois. Ils simplifient, écourtent, laissent tomber la fin des mots. Même s'ils s'appliquent, s'ils essaient de répéter votre modèle, les dimensions sont limitées. On peut comparer ces limites à celles de l'acquisition des modèles gestuels courants. La production de la parole nécessite l'enchaînement d'activités motrices fines très précises ; cela s'acquiert progressivement ; les enfants ne sont pas tous égaux devant cette progression, ce qui explique que l'on s'émerveille devant un enfant de trois ans qui parle « comme un adulte » alors que d'autres ont encore un jargon très archaïque à quatre ou cinq ans.

En même temps qu'il peut produire des énoncés qui ressemblent au langage, l'enfant a beaucoup de moments de jargon, de « n'importe quoi » avec intonation. Sent-il la différence ? On ne sait.

Il arrive qu'un enfant puisse prononcer à la demande, en répétition, tel ou tel phonème alors que celui-ci n'apparaît pas encore ou pas toutes les fois dans le flot des productions courantes.

Les tendances à la *simplification* affectent les phonèmes, leur enchaînement et aussi la forme générale des mots. Les mots longs sont à peu près toujours escamotés. L'enfant peut répéter chaque syllabe du mot isolément mais il dit :

ajama (mon pyjama),
lola ou *lala* (chocolat),
fifi ou *ètifi* (la petite fille).

Il simplifie parce qu'il est difficile d'enchaîner la prononciation de plusieurs syllabes, peut-être parce qu'il mémorise difficilement, qu'il se précipite ou qu'il est, légitimement, un peu paresseux ! Nous retrouverons une amplification de cette tendance à simplifier dans les retards de parole où disparaissent les finales de mots (« a bi » pour la biche, « po » pour la porte), parfois le début et la fin du mot (« pota » ou « tata » pour hippopotame).

L'enchaînement de la succession dans la chaîne parlée ou, en d'autres termes, dans le déroulement de la parole, est bien plus complexe que la prononciation isolée des phonèmes ou des syllabes.

Le lexique

Il est facile de compter combien de mots emploie l'enfant de dix-huit ou vingt mois. Cela devient très rapidement difficile, même impossible, dans les mois suivants tant les acquisitions sont rapides. De plus, personne ne sait vraiment ce qui va être compté comme mot. Dans : « *apu* » (« y'en a plus » ou « il n'y en a plus ») voyez-vous un mot, deux ou plus ? Dans : « *afifi* » (« la petite fille ») et tant d'autres ? Allez-vous compter les articles qui ne sont que vaguement ébauchés, accolés au nom ? Les auxiliaires qui ne sont pas employés en tant que tels mais pris dans un pan de discours ?

C. Nicolas-Jeantoux (*op. cit.*, p. 51) note, parlant des mots : « J'en compte deux à treize mois, soixante-dix à vingt-deux mois. En fait, à cette époque, Juliette en possède plus, mais les notes ne me permettent plus de compléter les informations fournies par les enregistrements, car à partir de vingt mois, les acquisitions deviennent tellement nombreuses que je ne peux les relever quotidiennement. »

Autres estimations :
- Lenneberg (1975) évalue quelques mots à un an, deux cent soixante-dix à deux ans, neuf cents à trois ans, pour progresser jusqu'à deux mille cinq cent cinquante à six ans ;
- David Crystal (1986) propose une estimation moyenne : environ cinquante mots à dix-huit mois, plus de deux cents mots à

deux ans. Il estime aussi que l'enfant comprend environ cinq fois plus de mots qu'il n'en dit.

Connaissant les écarts individuels, on peut considérer que ces comptages importent relativement peu. Il est plus intéressant de s'attarder au choix et aux caractéristiques de ces premiers mots. Je propose un exemple. Chacun peut s'amuser à dresser une liste semblable : il s'agit des *cinquante premiers mots* (autres que « papa » et « maman ») qu'a produits Aurélien, notés au jour le jour par sa maman, qui l'a fait sans intention professionnelle, n'étant ni linguiste, ni psychologue, ni orthophoniste. Simplement attentive.

Cinquante premiers mots ou productions signifiantes :
(la transcription ne tient pas compte des simplifications de l'enfant)

oui	pot
non	pipi
coucou	bébé
au revoir	biberon
encore	pain
d'accord	coca (-cola)
biscotte	chaise
choco	lapin
boire	chat
chien	meuh
canard	guiliguili
chaussure	chaud
clé	froid
ballon	monsieur
wouwou ! (chien)	flamby (flan)
miaou	descend
cotcot	Angélique
pan	Titou
brr (pour faire peur)	couteau
merci	poire
sucette	beurre
monter	attention
grgr (cochon)	chapeau
avion	chocolat
tiens	porter

De quoi parle l'enfant dans ces premiers mots ? On relève :

– des *cris d'animaux* et *onomatopées*. Leur place dans la liste des « mots » est discutable. Il n'empêche que l'enfant les utilise de façon fixe (toujours la même forme, se référant toujours à la même situation). Les onomatopées relevées ici sont proches de mots d'action :
  - « *pan* ! » avec geste = je tire ;
  - « *guiliguili* » est pris pour « des chatouilles » ou « faire des chatouilles » ;
  - « *brr* » = je te fais peur ;
  - « *coucou* » = on joue.

  Les cris d'animaux font partie du premier répertoire de tous les enfants, et comme nous l'avons vu ci-dessus pour Juliette, certains sont employés comme nom de l'animal : bien des enfants (et les adultes qui leur parlent ne s'en privent pas) disent : le *wouwou* pour le chien, les *meuh* pour les vaches, etc.
– *des noms de personnes* : « bébé » (pour se désigner lui-même), « monsieur », « Angélique » (la fille de la nounou !), « Titou » pour maman. Rapidement, dans les mois suivants, vont apparaître : prénom de son père, de ses grands-parents, puis… Mickey et seulement ensuite les cousins !
– des *noms d'animaux* : chien, canard, lapin, chat (les animaux de ses livres) ;
– de *noms d'aliments, de boissons* : biscotte, choco, pain, coca, flamby, poire, beurre, chocolat ;
– des *noms de vêtements* : chaussure, chapeau ;
– des *noms d'objets familiers ou de jouets* : ballon, sucette, biberon, pot, auquel il est peut-être abusif d'associer « pipi » !, sont des mots de son univers à lui, ils se mêlent aux mots de la maison ou de ce que l'enfant voit lorsqu'il sort : clé, chaise, couteau, avion ;
– des *verbes* : boire, monter, descend, porter. Progression plus lente des verbes. Dans les mois suivants : donne, parti, asseoir, tomber, pleurer, caché, mangé ;
– les *mots de la vie sociale* : oui, non, au revoir, encore, d'accord, merci, tiens !, attention ;
– des *adjectifs* : froid, chaud (quelques mois plus tard : beau, doux, petit, sale).

Les principales catégories lexicales sont ainsi en place chez cet enfant de vingt mois. Peu après apparaîtront les premiers termes d'espace (« dehors »). Chez d'autres, au même âge, les premiers mots désignant le corps (« nez », « main », « pied »)[1]. Si l'on compare à ce premier schéma la liste des deux cents premiers mots d'Aurélien, on constate que toutes les productions entrent dans le cadre dessiné ci-dessus.

Ces constats ne doivent pas faire penser qu'il suffit à l'enfant de coller une étiquette pour posséder définitivement le nom de l'objet. Cette part de *dénomination* intervient dans la construction du lexique, elle a même la vertu de proposer à l'enfant une sorte de grand jeu intellectuel. S'il en avait, au départ, la vue d'ensemble, ce jeu apparaîtrait dès le début comme une découverte grisante : tout a un nom, tous ces noms s'organisent dans des séries, des correspondances, qui vont être dévoilées peu à peu. Une aventure intellectuelle fabuleuse. Mais voilà, dans la réalité, l'enfant n'a pas la moindre idée du but à atteindre et des stratégies à mettre en œuvre pour faire ses découvertes. Il va progresser pas à pas, en se trompant souvent, réajustant continuellement ses essais. Il semble même qu'il existe (Smith et Miller, 1966) une période de démarrage, lent entre douze et dix-huit mois, pendant laquelle il engrange des données mais ne dit pas grand-chose, puis un épanouissement rapide après dix-huit/vingt mois.

Revenons aux toutes premières productions. L'adoption d'un mot semble régie par deux tendances contraires.

---

1. On aimerait pouvoir comparer avec les « cinquante premiers mots » acquis dans d'autres langues. Ceux que cela intéresse trouveront dans *Listen to your child* de David Crystal, déjà cité, la comparaison de trois enfants américains qui disent cinquante mots autour de dix-huit mois. Ces mots sont proches de ceux que nous avons réunis ici en français. Mais des détails sont intéressants : le temps qui sépare le premier mot et les « cinquante mots » varie beaucoup chez les trois enfants. De plus, huit mots seulement appartiennent aux listes des trois enfants et on peut percevoir des choix personnels : l'un d'eux a plus recours aux reduplications syllabiques, l'autre s'intéresse surtout aux choses qui font du bruit, le troisième semble attiré par les mots qui contiennent « *k* » ou « *g* » (qu'il prononce sans distinction « *gak* » !).

Le mot est employé pour un objet précis, comme s'il était un nom propre et ne désignait que cet objet-là. « Biscotte » dans la liste ci-dessus désignait telle forme de biscotte dans le paquet d'une marque précise et pas d'autres. Un mot nouveau colle à un exemplaire de l'objet et l'enfant a souvent des difficultés à en généraliser l'usage, à admettre par exemple que « biscotte » peut s'appliquer à toutes formes et toutes marques de biscottes. Cette particularité est plus nette encore lorsque l'objet désigné éveille des échos émotionnels personnels. J'ai connu une Virginie qui, toute petite, appelait « ture » sa couverture chérie, indispensable à l'endormissement. Longtemps il fut hors de question d'appeler « ture » les couvertures ordinaires. Le nom était réservé à sa couverture privée. « Couverture » fut en quelque sorte redécouvert, comme un mot distinct, tardivement, après abandon de la « ture » d'origine.

L'incapacité à généraliser ne persiste anormalement tard que chez des enfants à l'esprit rigide – et c'est une grande gêne pour le langage – ou encore chez des enfants perturbés, notamment à tendances psychotiques, qui prennent à la lettre chaque terme sans pouvoir naviguer dans les relations que d'autres établissent tout naturellement à l'intérieur du lexique.

À l'opposé, toujours dans le début des acquisitions, certains mots sont utilisés de façon trop extensive, ce qui entraîne beaucoup de flou et de confusions. On a vu Juliette acquérir précocement le mot « chien », mais employer aussi « chien » pour parler de l'écureuil. Cela s'explique aisément : l'enfant qui fait ses premiers pas dans le langage et dispose de quatre ou cinq mois pour dire tout ce qu'il a envie d'exprimer s'en sort comme il peut, il généralise abusivement l'emploi d'un mot dont il ne saisit sans doute pas très bien les limites (pensez à toutes les formes de chiens que recouvre le mot « chien »… l'écureuil n'en diffère pas tellement). De même, Sophie, à deux ans, appelant « pinpin » son lapin en peluche, étend l'usage du mot à toutes ses peluches puis aux animaux vivants qu'elle a l'occasion de connaître : chien, chat et même poule et oiseau. Puis, dans un mouvement inverse, « pinpin » est supplanté à mesure qu'elle apprend « chat », « chien »… restant un certain temps limité aux animaux en peluche pour enfin devenir le nom du seul lapin en peluche privilégié.

Lorsque tout va bien dans la tête et dans le monde de l'enfant cette succession de tâtonnements, d'essais et de corrections aboutit à cette période extrêmement féconde qui précède les trois ans : on ne peut même plus suivre exactement comment il procède. Nous interprétons, avec nos repères d'adultes qui connaissent la langue et la grammaire, que les acquisitions suivent de grands axes, comme si chaque mot nouveau venait en quelque sorte trouver sa place dans sa catégorie lexicale (les noms de personnes, d'animaux, de vêtements, etc.). Mais les acquisitions de l'enfant ne sont pas balisées par nos repères d'adultes. Maints exemples nous montrent au contraire qu'il est difficile pour l'enfant de saisir les limites et les emboîtements des catégories. Il connaît « meuble » et bien des variantes de meubles, mais s'obstine : « C'est pas un meuble, c'est un buffet ! », ou n'arrive pas à ranger bananes et oranges dans la même catégorie « fruits », ni à admettre que gâteaux, compotes et crèmes sont des « desserts ».

C'est surtout en analysant les difficultés auxquelles se heurtent des enfants pour qui le langage ne va pas de soi que l'on apprécie le déroulement des acquisitions. Outre l'aspect catégoriel qui vient d'être évoqué, de nombreuses acquisitions jouent sur des symétries ou des oppositions. Des mots comme « grand » et « petit » sont acquis à peu près en même temps, de même que « chaud » et « froid », « haut » et « bas » et bien d'autres. Ces *paires oppositionnelles* ont beaucoup intéressé les linguistes, qui ont essayé d'analyser quels rapports sémantiques les rapprochent ou les opposent. Pour l'enfant, leur acquisition est stable lorsque les notions qu'ils traduisent sont clairement perçues, comprises et adoptées. Il est vrai que l'on observe quelques confusions entre les deux termes, ainsi qu'entre d'autres dont l'acquisition est plus tardive (gros-maigre, court-long, etc.). Les mêmes confusions sont retrouvées plus tard dans les termes spatiaux : dedans-dehors, dessus-dessous, ainsi que les verbes comme monter-descendre, éteindre-éclairer, dont l'acquisition stable est longtemps très difficile pour des enfants qui ont des problèmes de représentation spatiale et des difficultés de langage. Apprendre les deux termes en même temps, en s'appuyant sur l'expérience concrète (ce qui est petit-grand, haut-bas), est la voie logique lorsqu'on aide l'acquisition du langage ou dans un projet pédagogique, mais il faut savoir que dans de rares cas (les enfants dysphasiques) cette simultanéité d'apprentissage ne fait qu'embrouiller les idées de l'enfant et entraver la réussite. Ce schéma d'apprentissage ne doit donc pas être adopté de façon systématique.

Les premières phrases

Voici un exemple de première phrase.

Promenade au zoo avec Aurélien, qui a vingt-sept mois. Tous les animaux l'intéressent, mais ce qui l'attire ce jour-là est la girafe, que nous ne nous lassons pas de regarder. À notre grand étonnement, la girafe passe un long moment à lécher, de sa longue langue, le mur de son abri. Nous commentons ça et, d'un air grave, l'enfant constate :
— Man mu.
Ce qui l'impressionne est que la girafe « mange » le mur. Rentrés à la maison, il raconte notre promenade, résumant dans ce commentaire bref mais précis le souvenir le plus marquant :
— Bi man mu.

Le premier énoncé, « man mu », est une phrase, adaptée, expressive. Il manque beaucoup de mots et certains ne conviennent pas, mais elle est construite, elle respecte l'ordre des mots. On peut la traduire :

– La girafe mange le mur.

La phrase de l'enfant est réduite au verbe et à son complément.

« Mu » pour mur est correct, avec simple absence du « *r* », normale à cet âge. Dans « man », le verbe, la syllabe finale est omise, c'est normal aussi. Ce qui est plus drôle est le remplacement de « lèche » par « mange ». « Mange » est évidemment plus familier, « lèche » est connu mais peut-être moins précis (le sens) et difficile à prononcer. La substitution porte sur deux verbes qui appartiennent au même champ sémantique ; elle est peut-être induite par une note d'inquiétude devant un comportement aussi inattendu : et si la girafe mangeait le mur ?

« Girafe » est omis, l'enfant connaît le mot, mais il est difficile à prononcer (longtemps réduit à « *i* »). Il manque aussi les articles, ce qui est habituel dans ces premières phrases, réduites aux mots essentiels qui véhiculent à eux seuls l'information. En prenant d'autres exemples de la même période, il apparaît que l'enfant ne met aucune marque grammaticale (féminin, pluriel, terminaisons verbales), ce qui ne surprend guère.

Venons maintenant à la seconde phrase : « Bi man mu. » Le fait le plus marquant est qu'elle est produite hors contexte. Il ne s'agit pas du tout d'un commentaire sur l'action, sur ce que l'enfant est en train de regarder, mais il se remémore la scène et la raconte. On retrouve le noyau initial : « man mu », inchangé ; mais que vient faire ce « bi » ? Le sens se précise tout de suite, en parlant avec l'enfant : « bi », ce sont les biches que l'on ne manque pas de voir à chaque visite au zoo. Le mot « biche », plus familier, vient remplacer « girafe », sans que la substitution semble modifier dans l'esprit de l'enfant la réalité de la scène dont on va continuer à parler avec tous les détails observés dans l'enclos des girafes.

Ces omissions, ces substitutions ne changent rien à la structure générale : ces énoncés sont des phrases construites, typiques des premières productions de l'enfant. En les décrivant, on fait état de tout ce qui « manque » dans ces énoncés. Il serait bien préférable d'en parler en termes positifs : voilà tout ce que l'enfant a déjà construit, le reste va venir s'ajouter par la suite.

Ici chaque « mot » est riche de sens et dit l'essentiel de ce que l'enfant veut communiquer. Il n'empêche que la communication n'est possible que si le discours de l'enfant est reçu par un adulte qui connaît à la fois les habitudes verbales de l'enfant et la situation décrite : un adulte « complémentaire », sans lequel l'enfant ne communique pas grand-chose. Imaginez votre impuissance si un enfant vous dit hors contexte : « man mu »... comment comprendre de quoi il parle ?

Les énoncés de l'enfant ne sont pas toujours des modèles réduits ou des simplifications de nos phrases. En répertoriant toutes les formes d'assemblages de mots qui sont produites au début, l'attention des linguistes s'est portée sur certaines particularités.

1. L'ordre des mots n'est pas toujours conforme à celui des phrases de l'adulte. Il semble tout à fait aléatoire dans les premiers énoncés de deux mots, qui sont généralement interprétés comme de simples juxtapositions : « dodo titille » (la petite fille) apparaît aussi bien que « titille dodo » ; on ne peut sans doute attribuer ni sens différent ni construction différente aux deux productions. De même pour « pinpin Titi » et « Titi pinpin ». Nous avons tendance à traduire le premier par : « le lapin de Titi », ou : « le lapin est avec Titi », et le second par : « Titi a un lapin », ou : « veut son lapin ». Mais ces interprétations adultomorphes ne sont sans doutes pas fondées. L'enfant ne connaît aucune grammaire et, comme nous l'avons déjà évoqué, n'a aucune idée du programme qui l'attend.

De nombreux observateurs attachent de l'importance à la fréquence du sujet post-posé :

– « Manze a tifi » (Elle mange la petite fille),
– « Do le chat » (Il dort le chat).

Cette construction ne coïncide-t-elle pas avec l'usage plus fréquent de ces formes dans la langue orale ?

2. Certains ont aussi voulu dégager *une typologie* de ces premiers énoncés. Ils proposent un classement *syntaxique*, essayant de repérer sujet, verbe, etc. Ou plutôt une typologie qui repose sur *les rapports sémantiques* qui relient les deux mots (Brown, 1973 ; Brown, Cazden, Bellugi, 1969). La plupart des énoncés expriment une demi-douzaine de relations sémantiques, comme (les énoncés sont écrits sans leurs déformations phonétiques) :

– un *acteur* fait une *action* : bébé pleure, maman boit ;
– une *action* opérée sur un *objet* : fermé porte, tombé poupée ;
– un *objet* est en un *lieu* : ballon par terre, camion là ;

– un *objet* et son *possesseur* : toto papa, maman chaussure.

D'autres classements proposent d'envisager seulement la catégorie d'ensemble de l'énoncé (Bloom, Lahey, 1978). Il s'agit d'action, d'état, d'intention, de causalité, de possession, de négation, d'attribution, de lieu, etc.

Très prisées entre 1960 et 1980, ces analyses ont eu le mérite d'introduire des schémas nouveaux dans l'analyse des premières phrases. Elles n'ont guère éclairé cependant l'une des questions qui demeure entière : comment *comprendre* ces énoncés de deux mots ? Un enfant dit « pati papa ». Il n'est pas nécessaire de bien le connaître pour comprendre que papa est parti. Mais au fond, qu'a-t-il voulu dire ?

Comment classer cet énoncé ? S'agit-il :

– d'action : insistant sur le déplacement : « Il s'en est allé » ;
– de localisation : « Il est là-bas » ;
– de négation : « Papa n'est pas là » ?

Le cap des trois ans

On dit qu'un enfant de trois ans dont le langage progresse normalement « parle ». Son discours ne ressemble certes pas à celui d'un enfant de huit ou dix ans, à plus forte raison à celui d'un adulte, mais l'essentiel des structures de la langue est dessiné. Qu'on enregistre ce qu'il dit et qu'on demande l'avis d'un ami sans lui préciser de quel enfant il s'agit… tout le monde sera d'accord : il ne peut s'agir que d'un jeune enfant. Le timbre, le débit, les petites imperfections phonétiques, les simplifications, les tournures de phrases… tout a encore le charme du *langage enfantin*. Mais il se passe autour de trois ans des événements clés. Sans minimiser le reste, tout ce qui évolue, dont nous reparlerons peu après (le vocabulaire, les formes grammaticales, etc.), deux progrès sont en quelque sorte emblématiques des trois ans : l'acquisition de « je » et « les questions ».

Je

C'est vers trois ans qu'un enfant dit à peu près toujours « je » lorsque c'est lui qui parle à la première personne du singulier. Peu importe qu'il soit prononcé « *d* », « *t* », « *z* », ou que sa forme phonologique varie au cours d'un même énoncé, comme pour Juliette (Nicolas-Gentoux, *op. cit.*) à qui on demande ce qu'elle a fait en vacances :

> Eh ben *de* fais eu, des [...] puis *je* fais raconter des nipoires (histoires).

Le « je » est très chargé de sens. Si l'on s'en tient à la construction du langage, il marque une sorte d'entrée officielle dans le monde de la grammaire, avec les premiers réseaux de ses règles. Autour de ce pronom vont se mettre en place « tu », dans le dialogue, lorsqu'interviennent deux interlocuteurs, « il » lorsqu'il est question d'un tiers, ainsi que les formes du pluriel. Les autres pronoms personnels avaient été ébauchés auparavant, un peu au hasard, dans des formes vagues, comme :

> *èlepati* = elle est partie,
> *l'est là* = elle est là,
> *nous'ido* = le nounours dort.

« Nous » et « vous » sont employés comme compléments avant d'être courants comme sujets. « On » est généralement employé à la place de « nous », comme l'enfant l'entend dans la langue orale autour de lui. L'enfant ne maîtrise que progressivement l'ensemble du système et dans des moments d'urgence il s'embrouille un peu, comme si parfois pour bien faire il avait plutôt tendance à dire plus compliqué qu'il ne faut :

> Aurélien (peu avant trois ans) dessine. C'est très sérieux. Quelqu'un le taquine et lui prend sa feuille en riant. Réplique inquiète et amusée :
> – Rend-nous not'feuille ! Au voleur !
> Les formes plurielles remplacent le singulier, qu'il maîtrise très bien par ailleurs.

La mise en place de l'ensemble des pronoms personnels construit des repères pour l'enfant et va faciliter la construction des formes verbales. L'apparition de « je » est lourde de sens aussi sur le plan psychologique. Certaines particularités psychopathologiques nous rendent sensibles à la signification de « je ». Son apparition est en effet habituellement un peu plus tardive chez les enfants aveugles[1], qui arrivent plus difficilement à avoir une idée de leur identité, de leur schéma corporel, et à percevoir les relations avec un autre qu'ils ne voient pas. Elle est bien plus retardée encore chez des enfants qui ont certains troubles de la personnalité, notamment chez les enfants autistes, dont certains n'arrivent pas à dire « je » même lorsque leur langage ne s'organise pas trop mal.

Comment l'enfant parle-t-il de lui avant de dire « je » ? La plupart emploient « bébé » ou leur prénom, rarement « il », puis « moi », transitoirement « moi je » et enfin « je ».

Dire que le jeu des pronoms personnels se met en place tout naturellement au cours des échanges de l'enfant avec ses proches est une banalité. Il est important de le faire comprendre à de nombreux parents qui, sans penser aux conséquences de leurs habitudes, parlent couramment à l'enfant en employant la troisième personne du singulier. Il nous arrive à tous de le faire occasionnellement, dans des tournures comme :

> Maman est fâchée, cette fois, elle en a assez, elle va punir bébé !
> (Ou, parlant de l'enfant à l'enfant :) Il a bien dormi ce bébé ! comme il est grand !
> Donne à maman !
> (À des enfants plus grands, encore) : Florian est vraiment polisson, non, là, vraiment il exagère.

---

1. L'évolution suit les mêmes étapes que pour l'enfant voyant, mais les acquisitions sont plus lentes. Six mois environ séparent les premières ébauches et le « je » net pour l'enfant voyant alors qu'il faut compter environ deux ans chez l'enfant aveugle.
Fraiberg S., Adelson S., « Self representation in language and play », *in Foundations of language development*, Lenneberg E., Éd. Academic Press, 1975, II, 29-43.

Ecoutons bien autour de nous : certains parents ont recours de façon très courante à ces formules qui, dans certains cas et lorsque l'usage en est trop systématique, peuvent bien constituer une sorte de brouillage dans les modèles de formes grammaticales que reçoit l'enfant.

Les questions

L'enfant n'attend pas d'avoir trois ans pour montrer sa curiosité et poser des questions. Jusque là cependant il n'a pas les moyens de le faire dans les formes. Dès les premiers mots il existe des énoncés dont l'intonation interrogative ne laisse aucun doute sur l'intention de l'enfant :

– Ça ? (en montrant un objet qu'on lui demande de « donner à maman ») ;
– Té ? ou : Ce c'est ? ou encore : Écecé ?
– (On parle de papa qui n'est pas là, demande :) Pati ?
– (On entend sonner, il demande :) Mamy ?
– (N. va et vient dans l'appartement, brusquement son attention est attirée : elle entend jouer du violon dans une autre pièce et questionne :) Maman ?

Dans le courant de la seconde année, on reconnaît des termes interrogatifs dans des amalgames de mots à intonation interrogative comme : *où l'est ? kètè* ? (qu'est-ce que c'est).

Puis, trois ans, c'est l'explosion des questions. Elle correspond aux progrès linguistiques extraordinaires (à la fois l'enfant produit des énoncés un peu plus longs, il a plus de vocabulaire et il utilise un certain nombre de termes interrogatifs) et aussi à ce que l'on peut appeler curiosité intellectuelle, avidité de savoir, découverte du monde. Qu'on appelle cela comme on veut... on ne peut pas se dérober ! Quoi qu'on fasse, on est harcelé de questions !

Certains adultes sont vite excédés par l'insistance de l'enfant, d'autant plus lancinante parfois qu'il se heurte à l'impatience des grands : « Ça suffit », « Je t'ai déjà répondu trente-six fois ! J'ai pas le temps maintenant ! » Ceux qui n'obtiennent pas de réponse sont évidemment les plus insistants !

On ne sait trop à quel point l'enfant en joue. Il est vrai qu'il demande et redemande souvent la même chose, qu'il reformule parfois sa question dès qu'il vient de recevoir une réponse. Il se peut qu'il y ait un peu de jeu, mais aussi, suivant la forme d'esprit de l'enfant, le besoin de bien comprendre, à fond, complètement, ce qui n'est pas saisi dès la première explication, le besoin parfois aussi d'entretenir un petit fond de communication (tant qu'il se livre à ses questions-réponses, l'adulte s'intéresse à lui, même si c'est en le rabrouant).

Que demande l'enfant ? Les premières formes interrogatives sont[1] :

– ou ? C'est qui ? c'est quoi ? kè c'est ?
– quand ? comment ? apparaissent un peu plus tard, de même que
– pourquoi ?, dont l'enfant va nous harceler.

Quant à l'usage des questions ? Certaines sont celles qu'il est naturel de poser dans les échanges courants (où l'est ? c'est quoi ?), d'autres traduisent tout simplement la curiosité, le besoin de savoir de l'enfant. Il a tout à découvrir et à comprendre. La quantité de questions reflète l'intense activité intellectuelle de cet âge.

Restent toutes les questions qui concernent directement la langue, ce que l'on appelle activité *métalinguistique* : la langue est l'objet immédiat de la curiosité. Les enfants sont très inégalement curieux et précis en ce qui concerne la construction de leur langue ; certains se contentent d'un maniement approximatif, d'autres demandent beaucoup :

– Comment ça s'appelle ?
– Comment on dit, ou : Comment tu dis ?

1. En anglais, il est facile de parler globalement de ces questions. Ce sont les questions en « *wh* » : *who, what, why, when* ? La diversité du français éparpille un peu l'attention.

– C'est quoi ça ? (Lorsqu'ils ne connaissent pas un mot ou ne le retrouvent pas.)
– Pourquoi on dit… ?

Cette période des questions peut durer quelques mois, un an, parfois plus. L'enfant plus grand continue souvent à s'étonner de particularités de la langue qu'il ressent comme incongrues ou surprenantes.

Antoine n'a sans doute jamais vu ce qui se passe entre le moment où un poulet, avec toutes ses plumes, picore dans la cour de la ferme et celui où on l'achète, prêt à cuire, au supermarché. J'explique qu'il faut tuer ce poulet, le vider, enlever toutes les plumes : « plumer » le poulet. Réflexion – logique – de l'enfant : « Pourquoi "plumer" ? Il faudrait dire "déplumer". » C'est vrai.

Quel est le bilan des trois ans ?

Un enfant dont le langage se construit normalement est, à trois ans, un bon petit interlocuteur qui peut formuler à peu près tout ce qu'il veut, qui comprend l'essentiel des échanges de la vie courante. Il fait des progrès à pas de géant. Il sait redire une histoire qu'on lui a racontée ou qu'il connaît par ses livres. Il produit des phrases construites, dispose de plusieurs façons de poser des questions. Il a beaucoup de choses à dire, possède plus de mots pour le dire, plus de formes pour agencer ces mots, et ces formes sont plus variées.

La rapidité des changements est le fait le plus constamment rapporté par tous.

Chacun sait – et voilà une question majeure pour les enseignants – que tous les enfants de trois ans n'en sont pas là. Dans une classe de petits et encore pour les trois/quatre ans, bon nombre d'enfants ont un langage bien moins évolué. Parfois simplement comme celui d'un enfant plus jeune ou encore figé dans une immaturité qui peut sembler se fixer. Nous parlerons de ces enfants dans le chapitre suivant. Ce groupe des enfants qui ne parlent pas bien va retenir toute l'attention des enseignants.

Ceux qui parlent bien à trois ans vont continuer à progresser et le feraient sans doute sans que l'on fasse quoi que ce soit de spécifique pour eux. Au contraire les autres enfants ont besoin que les adultes les aident. Si j'insiste sur plus d'un détail de l'acquisition du langage, ce n'est pas tellement pour fournir des exemples ; c'est pour permettre de mieux saisir comment certains enfants sont en difficulté en tel ou tel point de l'acquisition. Par exemple, un enfant de trois ou quatre ans qui n'utilise que son prénom pour parler de lui et ne dit pas « je » ou qui ne parle qu'en juxtaposant des mots, se trouve, dans le maniement du langage, à peu près comme s'il avait deux ans. C'est pour mieux çomprendre ces enfants en difficulté que l'on doit s'intéresser de près aux débuts « normaux » du langage.

Après trois ans

Écoutez Iris qui bavarde avec maman (Aimard et Bazin, 1993) (maman ne se comporte pas de façon linguistiquement idéale car, ce jour-là, elle est responsable du caméscope et se contente d'entretenir la conversation) :

M. : Où il est ton bébé ?
I. : Il est dans la poussette, pace que... pace que se promène, pace que soti...
M. : Où ça ?
I. : Sez, sez [chez] l'docteur ! (accentuant la dernière syllabe et insistant sur ce « *r* »).
M. : Et pourquoi ?
I. : (Ébauche quatre fois, en chuchotant : pake) Pace qu'i soigne les petits enfants.
M. : Ah bon ! i soigne les petits enfants qui ont quoi ?
I. : Eu... s'appelle Dorothée...
(Peu après, Iris joue avec un ruban qu'elle se met sur le front, sur le visage)
I. :... Fais un ma(s)que
comme mon papa !

mon papa i pr, i prend la moto ?
pr, pou (r) aller au pays des étoiles avec Iris ?

On pourrait citer des exemples de langage bien plus parfait. Ici Iris n'a du reste pas encore trois ans. Que peut-on dire de cette conversation ? L'enfant sait raconter beaucoup de choses, mélanger des bribes de réalité, des souvenirs et un peu de rêve (partir, avec papa, au pays des étoiles !). Elle a l'initiative de raconter, l'adulte n'est plus obligé d'interpréter et de traduire ou de remettre en mots comme à l'époque des mots isolés ou des énoncés de deux mots.

Elle fait des phrases construites, emploie pronoms personnels, prépositions, subordonnées. Mais il est plus intéressant de s'attarder sur les hésitations et les réponses à côté :

- le système phonétique est loin d'être parfait : « sez » le docteur. C'est normal. En enfant soucieuse de « bien parler », Iris s'applique à bien prononcer les dernières syllabes, sur lesquelles elle insiste, même, prolongeant le « *r* » de docteur ;
- elle utilise des pronoms, mais en omet beaucoup ;
- il y a beaucoup de répétitions (surtout ce « parce que »). Certaines sont proches de ce que l'on appelle « bégaiement physiologique » (comme si l'on répétait pour se donner le temps de trouver la suite, l'idée, le mot). D'autres semblent plutôt un souci de bien faire – ou de bien dire –, comme « *pr* » répété avant de dire correctement « pour » ou avant « i prend », et cette fois, elle semble s'y prendre à deux fois avant d'articuler « *pr* », qui est difficile à cet âge.
- certains enchaînements se déroulent comme des automatismes (chez le docteur, i soigne les petits enfants), mais lorsqu'une question la déroute, elle dévie sur un autre thème (elle ne sait pas expliquer « ce que » soigne le docteur, alors elle répond « qui » soigne le docteur : Dorothée) ;
- dans la dernière séquence, il est à peu près certain qu'elle confond « masque » et « casque ». Le jeu du ruban devant son visage évoque un « masque » et c'est le mot qu'elle dit, puis elle enchaîne immédiatement sur l'histoire de la moto, ayant associé (ou confondu ?) «masque » et « casque » de moto.

On peut, à partir de séquences de ce genre, analyser ce qui est déjà construit. On s'en émerveille. On peut aussi faire le bilan de tout ce qui reste à faire ! Je propose de suivre comment évoluent certaines notions qui ne sont pas encore entièrement en place à trois ans.

« C'est à moi ! » : les marques de possession

Dans les situations les plus libres, dans les familles où tout semble simple, on reste toujours surpris que tant d'enfants éprouvent le besoin de marquer clairement ce qui est à eux ou aux autres : « c'est à moi ! » renforcé par un geste qui exprime nettement la possession, le marquage du territoire.

Comment l'enfant exprime-t-il la possession :

– vers deux ans : *nounou(rs) Lolote* = juxtaposition de l'objet et du possesseur désigné par son prénom ;
– à 26-28 mois : *nounou(r)s de Lolote* = il découvre le rôle fonctionnel de « *de* », employé dans d'autres formules (dato de Titit, tac de maman) ;
– puis : nounou(r)s *de moi* ;
– et vers trente mois : *mon* nounours ;
– entre trente/trente-six mois, le marquage des possessions devient particulièrement répétitif : Aurélien lance très souvent : « à moi ! » ou : « c'est à moi ! », lorsqu'on touche un jouet qui est à lui. Dans son désir d'en être l'heureux possesseur, il le dit aussi devant les petites voitures d'Olivier qui, plus âgé que lui, dispose d'un parc automobile fascinant. À table, il distribue les places : « la place de Lélien », qui devient : « la place de moi ».

Après trois ans, l'enfant se lance dans les marques plus complexes : « le mien », « le tien », et il tâtonne longtemps :

– « c'est ma tienne » (reprend de nombreuses fois, sentant qu'il n'est pas tout à fait dans le juste, et sur le même modèle :)
– « c'est ma du bébé » (pour : c'est celle du bébé).

Comment il dit « non » : marques de négation

C'est pendant le dernier tiers de la première année que l'enfant se débrouille pour expliquer la négation : « non », mouvement de la tête, geste ou ébauche de mot. Il se fait clairement comprendre.

Avec les progrès linguistiques, la forme négative introduit ses premières marques. À la fin de la seconde année, l'enfant appose « pas » ou « plus », souvent au début de l'énoncé :

Pas dodo ;
Pas s'en va, pas faut boire ;
Pu dodo, y'a pu (il n'y en a plus) ;
A Papa, non (« non » est simplement ajouté à l'énoncé).

À deux ans et demi, Aurélien dispose de deux formes :
Je lui propose de la grenadine
— Tu en as déjà goûté ?
— Sez Santal (chez Chantal, sa nounou).
— Ah, y'en a chez Chantal !
— Et sez Titou (maman)… *n'a plus*, l'en a sez Paule (ici).
— Oui, ici y'en a !
— À la maison, *n'a pas*.

Au cours de la troisième année et après, il intègre : « pas », « plus », « ne… pas », « ne… plus » (il entend si rarement la double négation dans les propos de l'adulte !) à la place qui est la leur dans la phrase :

Bébé pas dodo.
Bébé pas domi.
N'a pu dateau.

Les tâtonnements donnent lieu à des formules parfois drôles :

Arthur demande à Aliénor qui tombe de sommeil :
— Tu veux faire un gros dodo ou un petit dodo ?
— Un gros *pas* dodo.

Adverbes et prépositions

Les premières traces sont saisies dans des formes globales comme « podetè » (pomme de terre). « De » (dans « de moi » par exemple) et « à » (dans « à moi ») marquant la possession sont repérables peu après.

Les prépositions de lieu apparaissent tout au long de la troisième année : à, dans, sur, sous, par, près de, en.

Elles sont souvent précédées de certains adverbes de lieu : dedans, dessus. Ce qui permet aux spécialistes de se demander si la fonction adverbiale ne précède pas la fonction prépositionnelle (Oléron, 1976). L'enfant commencerait à marquer syntaxiquement le lieu par un adverbe avant de combiner préposition de lieu + nom.

Trois ans : La descend l'e(s)calier lalo (là-haut).

Et l'expression du temps ? « Avant », « après », « pendant » sont rares au cours de la troisième année, alors que quelques adverbes sont courants, en particulier : maintenant, tout de suite, souvent, simplifiés l'un comme l'autre (manan, tousuit, toufouit). Tous les deux concernent la situation présente, ce qui explique peut-être leur facilité.

Ils sont suivis de : tout à l'heure, d'abord, toujours. Et plus tard de : hier, aujourd'hui, demain ; puis : avant-après.

La compréhension et l'usage des termes temporo-spatiaux est longtemps l'objet de confusions (notées déjà dans les travaux de Guillaume, 1927). Ils sont assemblés en paires ou séquences sémantiques, ce qui introduit en même temps facilité et confusion. L'enfant n'y est pleinement à l'aise que lorsqu'il a acquis les notions qu'ils traduisent, ce qui se situe souvent à cinq ou six ans. Même en réfléchissant, en faisant des efforts pour parler correctement, il se trompe souvent :

Clémence, trois ans et demi, avec son petit frère. À la fin du repas de midi, il n'a plus faim et ne veut plus de yaourt, c'est d'accord :
— Il le mangera *demain*.

Clémence comprend très bien la situation et va ranger le yaourt dans le réfrigérateur. Au repas du soir, elle-même n'a pas envie de finir son yaourt. Elle replace très précautionneusement le couvercle dessus, se dirige vers le réfrigérateur et, reprenant mon commentaire de midi, le regard semi-interrogateur, m'explique :
— C'est pour... *aujourd'hui.*

Une autre petite fille du même âge (emprunté à F. François) :

— C'est aujourd'hui demain ? Non ? Pas encore ?

Les marques temporelles vont évidemment trouver leur lieu d'élection dans les formes verbales.

Les verbes

Avant trois ans, les verbes ont des formes imprécises :

Bébé domi.
A pu mazé (mangé).
Monté.

Il n'est pas utile de les comparer aux formes verbales que nous emploierions dans le même contexte. Avec « bébé domi », l'enfant dit-il qu'il veut dormir, qu'il va dormir, qu'il a dormi, ou s'agit-il d'un simple constat ? Peu importe que l'on interprète « monté » ou « mazé » comme infinitif ou comme participe passé. Disons que l'enfant emploie des formes verbales qui véhiculent un sens précis mais dont la forme est imprécise.

L'emploi des auxiliaires n'est pas facile à interpréter non plus. Dans « a pu mazé », on ne sait si « a » est l'auxiliaire de « elle a plus... » ou une préforme de pronom : « elle » ou « il ». Il est probable que dans « lèlè pati » il y a un pronom et un auxiliaire. Les formes les plus simples sont souvent vagues et confondues : « l'a faim », « n'a soif ».

La plupart des énoncés parlent de la situation présente. Quelques-uns préfigurent un passé composé et on voit apparaître le futur périphrastique, c'est-à-dire celui que nous employons souvent dans le langage courant, construit avec « va » : « On va l'aller. »

Autour de trois ans et après, les terminaisons verbales sont longtemps absentes ou imprécises. Les notions qu'elles expriment sont encore floues pour l'enfant.

Autour du *présent* dans lequel il vit, l'enfant doit organiser qu'il existe un passé et un futur. Les terminaisons verbales qui en sont les marques sont liées aux pronoms personnels dont la maîtrise est loin d'être atteinte. Le passé composé de l'indicatif devient plus précis :

Le chien l'a mangé.

Le futur en « *r* » n'apparaît qu'entre trois et quatre ans, parfois plus :

Maman l'ira.
N'aura plus.

Le participe présent, quant à lui, apparaît entre quatre et cinq ans.

L'adjonction d'un adverbe de temps aide parfois à préciser ce qui est difficile à formuler : maintenant, avant, après, tout de suite.

Comme pour d'autres catégories, l'enfant au début imite ce qu'il entend puis il saisit que ces formes répondent à des règles comme : « ajouter *ra* transporte dans le *futur* », et il généralise l'usage de cette règle. C'est en observant les ratés de cette opération que l'on saisit bien comment l'enfant se trompe, c'est-à-dire comment il procède. Mais la généralisation a dans la langue des limites, notamment celles qu'introduisent les verbes irréguliers. Vers cinq ans :

Tu veniras.
Tu l'as ouvri (la porte).
Il m'a offri.
On a éteindu la lumière.

encore à six ans :

> Quand j'allerai chez moi.

À tout âge nous avons l'occasion de remarquer que l'enfant a conscience des difficultés et des pièges de la conjugaison. Que d'efforts pour se conformer aux modèles :

> Quatre ans : C'est mon bouton, il est décousu. Il faudra le recou... le recousur.

L'insistance sur le *r* final peut bien montrer que l'enfant essaye de faire de son verbe un infinitif.

On note aussi son découragement lorsqu'il est aux prises avec un verbe dont il ne maîtrise pas les formes :

> Nous nous trouvons, avec Aurélien, dans un petit abri où la veille nous avons subi une averse mémorable.
> — Tu te rappelles, hier, il pleuvait, il pleuvait ! qu'est-ce qu'il a plu !
> — (Imite mon intonation, oui, il se rappelle bien :) Hier... (se lance, comme pour amorcer un grand discours, hésite, hésite puis :)... pleuvoir !

Bravo ! L'infinitf du verbe finit par émerger de toutes ses irrégularités et apporte au moins la cohérence du sens !

L'expression du *temps* ne se limite pas aux formes verbales mais l'enfant exprime dès quatre ou cinq ans des réflexions sur les âges, le temps qui s'écoule, les repères qui rythment sa vie (le jour, l'école, les vacances), la relativité.

> Nous parlons avec Antoine, six ans, de l'anniversaire de sa cousine qui vient d'avoir trois ans.
> — Elle a de la chance, il lui reste plus d'anniversaires que moi !

Et puis ces réflexions parfois nourries de culture qui nous enchantent et nous troublent à la fois. Que penser lorsque des enfants intelligents et réfléchis demandent à sept ou huit ans :

— Ta maman, elle était là du temps des dinosaures ?
— (À grand-père qui ne fait pas vraiment son âge :) Toi qui es très vieux, tu as dû connaître les Romains ?
— (À maman :) Si tu meurs avant moi, tu me donneras ta montre ?

Quels que soient vos sentiments, vous noterez au moins la parfaite correction des phrases ! Mais que penser ? Nous n'avons pas su tout expliquer bien clairement avec ces enfants... mais ces petites incohérences sont, somme toute, normales lorsqu'on est en train d'édifier les points de repères complexes qui permettent de mettre de l'ordre dans les connaissances de chacun.

Genre et nombre

Les enfants anglais ont bien de la chance : il suffit de faire attention à la fin des mots pour entendre que certains se terminent par un « *s* » qui s'entend : ils sont au pluriel. La finale des mots doit mobiliser toute l'attention des bébés anglais (non seulement pour la marque du pluriel mais aussi pour la terminaison des verbes à la troisième personne du singulier).

Les enfants français apprentis de leur langue disposent des informations qu'apportent les articles et pour certains cas exceptionnels ils doivent saisir, à la surface du discours, des marques qu'ils ont vite fait de repérer : les formes masculin et féminin les plus utilisées comme :

- petit-te et, suivant le même modèle, haut-te, court-te ;
- grand-de et, suivant le même modèle, blond-de ;
- gros-se et, suivant le même modèle, gras-se ;
- long-gue.

La tâche de l'enfant est de repérer des régularités et de les appliquer à bon escient, ce qui signifie d'en saisir les limites : ajouter «-*te* » pour faire un féminin ne s'applique pas à toutes les formes.

On raconte avec A., trois ans, un livre dont les héros sont une chienne et son chiot.

— E dit, la maman… E *belle* (se reprend, il s'agit d'un petit chien :) eu, eu… è *beau.*

Pour certains noms, le féminin ou le pluriel s'entendent. L'enfant n'a qu'à choisir entre journal/journaux, cheval/chevaux. Il suffit souvent de quelques reprises correctes par l'adulte pour que tout soit en ordre. Rien d'anormal si l'enfant laisse encore échapper quelques confusions à cinq ou six ans ; il les corrige souvent de lui-même, amusé, percevant tout de suite l'incongruité de ce qu'il vient de dire. Certains se débattent dans des repères plus flous : « Quand il y a plusieurs vaches, on dit : des chevaux ? » (trois ans et demi).

Le lexique

Il n'est plus question de compter combien l'enfant produit de mots. Ceux qui ont essayé de les dénombrer évoquent 500, 800 mots. Cela dépend trop du milieu socioculturel et aussi de la méthode d'évaluation. De plus, il existe dans toutes les langues des mots qui ont plusieurs sens : comment doit-on les compter ? L'enfant connaît « ferme ». Mais que signifie ce mot pour lui : uniquement les animaux de la « ferme » ? on « ferme » la porte ? cette pêche est bien « ferme » ? Il s'agit de mots différents, bien sûr.

Comment situer les homonymes[1] ? Rien ne différencie les homophones tant qu'on n'a pas à les écrire. On ne va donc pas chiffrer le lexique connu par l'enfant. Quant aux ambiguïtés du sens et des formes, l'enfant se charge bien de nous signaler qu'il saisit les pièges de la langue : chacun peut recueillir une foule d'exemples qui ressemblent à ceux-ci[2] :

— (À la cuisine, on parle d'une louche :)… Une louche hum, c'est louche ! Et puis, je louche (elle louche) (4 ans et demi).

---

1. Homonymes : mots de prononciation identique (homophones) et de sens différent, foi, fois, foie, Foix.
2. Certains exemples sont empruntés à Aimard P., *Les Jeux de mots de l'enfant*, Paris, Simep, 1975.

— Y'a des sœurs, des sœurs de l'hôpital (= des religieuses) et nous ont est des sœurs ! (3 ans et demi).
(Nous fabriquons une maquette de port pour de petits bateaux)
— Y'a deux « por » : port (montre ce que nous construisons) et puis porc, cochon, quoi.
— (Choisit un crayon de couleur :)
Je prends ce vert
pi un verre où on boit
pi des vers de terre
pi des verts crayons ! (avant 4 ans).

Nous sommes à mi-chemin entre constat-jeu-exercice. L'enfant formule à haute voix une remarque sur la langue, démarche métalinguistique dont les premières questions des trois ans ont déjà donné quelques exemples. Nous n'en avons pas fini avec les questions !

Les questions sur les mots

Tout va bien lorsque l'enfant demande « comment on dit ? » ou « qu'est-ce que ça veut dire ? ». Il arrive qu'il nous mette en difficulté :

— Qu'est-ce que ça veut dire « mè » ? (Je n'indique aucune orthographe ; telle était bien la question.)
— Quand on dit « je mets mon tee-shirt » par exemple ?
— (Ton excédé :) Non, quand tu dis : « d'accord, *mais*... »

Comment voulez-vous répondre ! ou encore :

— Pourquoi on dit « large » ?
— (J'essaie d'être précise :) Large, c'est le contraire d'étroit, comme grand est le contraire de petit.
— Oui, mais pourquoi c'est « large » qu'on dit, quand c'est large ? Tu me l'expliques pas, ça !

Là nous sommes en plein débat de linguistes sur l'arbitraire du signe ! Ces questions viennent à l'esprit de l'enfant une fois ou l'autre. Il est probable qu'elles ne se posent pas à tous les enfants ou que les adultes ne s'y prêtent pas tous de façon égale.

Les hésitations et les ratés

Les enfants de quatre ou cinq ans, qui, pour la plupart, parlent beaucoup, font beaucoup de petites fautes : ils emploient un mot pour un autre, ils s'en rendent compte tout de suite ou non :

> — (Son ours a fait une bêtise :) Je lui donne une bonne fessée, une bonne *collection* (pour *correction*) !
> Nous sommes engagés dans un jeu de papiers pliés ; il veut m'apprendre à faire des *épouvantails.* On s'applique. Je ne vois pas bien comment cela va finir. Au dernier pli, il me montre, d'un geste, tout devient clair : c'est un *éventail* !

Dans ces deux cas ce qui joue est un petit écart dans la forme du mot (des mots pas très usuels). Dans les exemples suivants, c'est un décalage sémantique qui intervient :

> — *J'écris* une fleur (pour : je *dessine* une fleur, 4 ans).

Les connaissances de l'enfant ne lui permettent pas, ou pas tout à fait, de comprendre que « dessiner » n'est pas exactement « écrire ». Cette petite confusion nous permet juste de saisir les nuances d'emploi de certains mots dont les territoires sémantiques sont proches.

> — Tu veux du fromage sec ?
> — Non, du mouillé.

L'antonymie sec/mouillé est exacte, mais l'expression « formage sec » s'oppose à d'autres genres de fromages auxquels « mouillé » ne convient pas.

> Nous regardons un livre :
> — Tu as vu ce *drôle* de petit monsieur !
> — Un *(r)igolo* monsieur !

L'enfant approuve mon commentaire et le reprend à sa façon : « drôle » et « rigolo » sont à peu près synonymes, mais « un rigolo monsieur » ne s'emploie pas et, dans cette tournure, « drôle » n'est pas tout à fait l'équivalent de « rigolo ». Les synonymes sont rarement exactement interchangeables (les sémanticiens rigoureux disent qu'ils n'existent pas : si la langue utilise deux mots, il y a toujours à cela une raison).

Les expressions toutes faites se prêtent particulièrement à ces tâtonnements ; du fait de leur fixation l'usage en est encore plus réglementé que celui des mots isolés.

Aurélien aime bien utiliser l'expression : « *un petit moment* ». Il demande souvent :
— On parle un petit moment ?
C'est le goûter, il prend un tout *petit morceau* et commente, sérieux :
— Je mange un petit moment... (l'intonation reste suspendue, il sent que ça ne va pas, de mon côté j'essaie de le tirer d'embarras :)
— Tu manges un petit morceau ?
— (Soulagé :) Oui, un petit morceau !

Dans la logique de la langue

Tout se passe comme si l'enfant comprenait intuitivement certains des mécanismes de la langue et s'en emparait en devenant « apprenti sorcier » dans le monde des mots. En d'autres termes, une fois qu'il a compris que tel préfixe ou tel suffixe modifie de façon régulière le sens d'un mot, il va utiliser le procédé pour fabriquer les mots dont il a besoin.

La *dérivation* est le procédé le plus simple de la création verbale.

Une journée d'août très chaude, entre dans une voiture climatisée :
— Vite, je vais me *déchauffer* ! Vite, vite, mets le *déchauffage* ! *Déchauffe*-la vite !

Sur le même modèle :

dégrandir, désattacher, démonter (le contraire de monter).

Les créations par dérivations suivent bien d'autres modèles :

une petite parlette, séchade, brûlement, et tant d'autres.

Il essaie aussi, intuitivement, de *motiver la forme* de certains mots comme s'il cherchait à s'assurer de la cohérence du système :

— C'est quoi les noix ? C'est des papas noisettes ?
— Qu'est-ce que c'est une secrétaire ?
— (J'explique : courrier, téléphone, messages)
— (Ton complice et un peu donneur de leçon :) Et c'est aussi celle qui a les secrets, la secrétaire... elle sait tous les secrets !

Des analogies de formes, de couleurs ou autres entraînent des *glissements* d'usage des mots qui peuvent créer un effet d'image :

Nous jouons aux dominos avec un jeu dont le verso est couleur grenat. Le jeu devient « grenadine ». Tout en jouant je le félicite de sa trouvaille. Il en profite pour l'exploiter encore : la couleur de son pull n'est pas très loin du grenat.
— Moi je suis grenadine et toi (regarde mon pull), tu es orange !

La création d'images est toute proche :

Joue avec des morceaux de sucre qu'il élève au-dessus de la table à pleine poignée, puis laisse tomber :
— Une pluie de sucre !

La langue permet aussi de jouer

De tant de façons ! par d'innombrables pirouttes :

— J'ai le hoquet... hockey sur glace !

— Les kiwis,
ça dit oui,
ça sourit.
— J'ai remarqué qu'y a des mots rigolos. Si on prend un morceau de Titi et un morceau de pipi, ça fait tipi !

Si l'on devait conclure sur les mots, il faudrait dire et redire que les acquisitions de chaque enfant sont très liées au milieu socioculturel, aux habitudes et aux centres d'intérêt des proches. Un petit garçon de cinq ans m'a, un jour de consultation hospitalière, donné une bonne leçon. Il avait je ne sais quel problème en grande section de maternelle et, parmi d'autres questions, je devais évaluer son langage. Il n'était ni très bavard, ni très à l'aise et, comme on le fait alors pour faciliter le contact, j'ai commencé par bavarder avec lui autour d'un livre illustré. « Bavarder » est beaucoup dire, je m'efforçais de l'intéresser en lançant quelques interrogations par-ci par-là sur les images du livre. Après quelques essais, j'ai eu l'impression qu'il ne connaissait même pas le mot « chien ». Voilà de quoi inquiéter : à cinq ans tous les enfants savent ce mot. Vous imaginez ma surprise lorsqu'après un long moment d'apprivoisement, l'enfant se mit parler de ce qu'il faisait le mercredi. Sa passion : aider son père, qui, ne soyez pas surpris, avait un chenil. Je suppose que l'image stylisée du petit chien de mon livre ne lui évoquait aucun vrai chien et c'est dans un mélange de satisfaction (pour lui) et de confusion (pour moi) que j'entendais son récit passer du braque au setter, au briard, au berger. Il était imbattable sur les noms de chiens et intarissable sur leurs histoires !

Les enfants construisent ainsi des pans entiers du lexique qui peuvent être très spécialisés. Tous ont à mettre en place des domaines communs, comme les termes qui parlent du temps, des jeux, des noms de personnes ; ceux-ci dépendent beaucoup des habitudes éducatives, des conventions de politesse, de la structure familiale. Il faut parfois du temps pour être à l'aise dans tout le réseau des noms de personnes et des liens qui les sous-tendent :

Pauline-Laure rentre de chez sa nourrice en pleurnichant, plusieurs jours, de façon insistante :

— J'ai pas de tonton, moi (si, elle en a plusieurs mais on ne leur dit pas « tonton » !). Andréina (fille de la nourrice), elle, elle en a.

N'arrivant pas à s'en sortir, elle décide d'appeler son père : « tonton », ça remplacera !

Bien que l'on ne parle ici que du langage oral, il est aisé de comprendre que l'on va retrouver à l'écrit ces ratés, ces glissements, ces contre-sens, ces perceptions erronées. L'écrit introduit bien d'autres difficultés encore. Voici un seul exemple, qui invite chacun à réfléchir sur ses propres habitudes écrites et sur les conventions qui ne sont pas toujours expliquées clairement aux enfants. Il arrive aux élèves les plus studieux (penser aux autres, aussi !) d'interpréter de travers :

Aurélien est au CE1. Il a toujours zéro faute en dictée. À la fin du trimestre, nous parlons de l'école, je demande, un peu par hasard, ce qu'écrit sa maîtresse dans la marge des cahiers : TB, B ou des notes ?

— Elle met aussi souvent… « bof » ! (ton incrédule, légèrement déçu : « bof » n'est guère élogieux :) ou même… rien que « of ».

Vous avez deviné ce que je découvre en feuilletant le cahier : ce « bof » réduit à « of » était tout simplement : 0(zéro) f(autes) !

Comment fonctionnent les acquisitions ?

L'enfant n'invente pas le langage. Même si l'on admet qu'il possède des aptitudes innées, une sorte de préprogrammation des structures de langage, il ne construit rien s'il ne vit pas dans un bain de langage.

C'est dans le langage qu'il entend autour de lui – mieux : dans celui qui s'adresse à lui – qu'il puise les modèles, les schémas à partir desquels il va construire son langage. On a fait assez d'allusions à tous les facteurs interpersonnels qui interviennent dès les débuts pour qu'il soit nécessaire de redire qu'on ne peut réduire l'acquisition du langage à un ensemble de phénomènes linguistiques.

Il nous reste à présenter deux thèmes : différentes notions qui contribuent à préciser ce qu'est le bain de langage, puis comment l'enfant se débrouille pour construire son langage à partir des modèles qu'il reçoit.

Le bain de langage

Les parents, ou les adultes qui en tiennent lieu, ceux qui vivent au quotidien avec l'enfant, sont les premiers responsables du bain de langage apporté au bébé, puis à l'enfant plus grand, en quantité, en qualité, en cohérence et en diversité. L'intérêt de très nombreux chercheurs s'est tout naturellement porté sur l'étude du langage que les adultes adressent à l'enfant : le registre de l'adulte parlant à l'enfant.

Il va de soi que dès son plus jeune âge l'enfant a souvent d'autres interlocuteurs : les familiers, les frères et sœurs ou les enfants de la crèche, et, il faudra bien en dire quelques mots, l'omniprésente télévision.

Le registre de l'adulte parlant à l'enfant

Nous adoptons tous, instinctivement, différents registres de langage suivant la personne à laquelle nous nous adressons ou suivant la situation. Nous ne parlons pas exactement de la même façon lorsque nous achetons des fruits sur le marché, lorsque nous faisons une démarche administrative, lorsque nous parlons entre nous, en famille, ou nous trouvons dans une situation très hiérarchisée. Avec un bébé ou un jeune enfant nous adoptons un registre de langage qui ne ressemble pas aux autres. Les particularités de ce registre unique n'ont guère retenu l'attention avant le dernier quart de ce siècle. Jusque-là, les milieux soucieux de bien faire se contentaient de condamner le « parler bébé » (c'est-à-dire le ton un peu bêtifiant), les « mots bébé » («dodo », « dada » et tant d'autres). C'est en connaissant mieux les débuts du langage, en adoptant ce qu'a de nouveau le regard contemporain sur les bébés, qu'il a suffi de prêter l'oreille pour saisir ce ton reconnaissable entre tous d'un adulte qui joue avec son bébé. Si on enregistre des moments de conversations d'un adulte avec un tout petit, puis propose la devinette à des collègues non avertis de la situation, il n'y a aucune hésitation : c'est forcément à un enfant que parle cet adulte (exception : mêmes formules, même ton s'adressent aussi à l'animal de compagnie !).

Quels sont les principaux traits de ce registre de langage[1] ?

L'adulte emploie des énoncés *simples* plutôt que des formules longues et complexes. Il se réfère le plus souvent à la situation en cours. Il parle de ce qu'ils sont en train de faire, des événements qui se déroulent concrètement. C'est une mise en mots, un commentaire de l'action en cours qui colle au réel et le dit avec des mots et des formes syntaxiques simples. L'expressivité du discours est soutenue, renforcée par la mise en jeu de *moyens de communication non-verbaux* (ceux-ci ne sont pas indispensables dans la communication entre individus qui possèdent complètement le code linguistique, ils sont même superflus, voire déplacés) :

- des gestes montrent, décrivent : « un ballon, rond comme ça », « tout en haut, tout en haut de l'arbre » ;
- des mimiques doublent l'énoncé en apportant les mêmes informations par une autre voie : « il est fatigué, pauvre Bambi », « la vilaine reine était furieuse… » ;
- une intonation beaucoup moins uniforme que dans le discours courant : intonation riche, très soulignée, de même que le rythme ; certains mots sont accentués, comme pour focaliser l'attention sur « le » mot important à écouter, avec un ralentissement du débit, comme pour créer une attente ou même laisser un temps à l'enfant pour l'inviter à intervenir, à prendre la parole lui-même (« la chèvre était là, cachée derrière le puits, elle avait… »). Une intonation chantante, dans une tonalité plutôt gaie. Certains énoncés de l'adulte sonnent comme des comptines ou des ritournelles.

1. Le lecteur peut trouver une étude extrêmement documentée dans : Rondal J.-A., *L'Interaction adulte-enfant et la construction du langage*, Bruxelles, Mardaga, 1983.

Le ton général est souvent un peu *emphatique*, ce qui donne une impression de jeu : on dit des banalités avec un ton solennel, comme s'il s'agissait de projets ou de personnages très importants. Essayez de dire lentement, en détachant les mots, comme si vous jouiez au théâtre le rôle du majordome annonçant que le carrosse de Monsieur le comte est avancé : « Monsieur bébé, cette fois je suis prête, nous allons préparer la poussette. » Vous croyez être théâtral ? Vous l'êtes à peine, car on parle réellement ainsi à un enfant, avec cette part de jeu sur laquelle nous reviendrons.

Ce langage a, de plus, la particularité de n'être jamais figé. On peut étudier l'évolution du langage que l'adulte adresse à l'enfant : les mots ainsi que le registre ne sont pas les mêmes avec un tout petit bébé, un enfant de deux ou trois ans ou un enfant plus âgé. Tout se passe comme si l'adulte opérait un ajustement permanent, une évolution spontanée qui suit ou plutôt va au devant des progrès de l'enfant. Une fixation du langage de l'adulte bloquerait ou du moins entraverait la marche du progrès. Continuer à parler « bébé » à un enfant qui grandit va à contre-progrès. L'adulte a – le plus souvent – l'initiative d'une démarche bien connue des pédagogues : il se situe au niveau de l'enfant mais un peu au-dessus de ce que l'enfant est capable de comprendre.

Ce registre de l'adulte respecte deux critères : en simplifiant et en se mettant à la portée de l'enfant, il assure la communication ; en introduisant des éléments un peu plus complexes, il favorise la progression.

Dans les échanges adulte-enfant, l'adulte tient un double rôle. Un rôle passif, comme pourvoyeur des modèles de la langue qu'il présente à l'enfant de façon aussi bien assimilable que possible, par tous les moyens, intonation et autres, dont nous venons de parler. Il lui revient aussi un rôle actif : il écoute l'enfant, s'efforce de comprendre ce qu'il veut dire, de reformuler clairement, en mots et en vraies phrases, les énoncés dont il lui renvoie ainsi un modèle précis, amélioré, conforme à la langue, enrichi souvent. Ce *feed-back correctif*, qui ne doit être ni trop systématique ni trop ouvertement « correctif », est un atout majeur qui aide l'enfant à construire son langage.

Ce registre particulier permet aussi à l'enfant de trouver sa place dans les habitudes de *dialogue*. Il apprend la conversation, ce que l'on appelle les règles d'interlocution : s'interrompre pour laisser parler autrui, savoir écouter, prêter attention à ce que dit l'autre, régler sa réponse sur ce que vient de dire l'interlocuteur, ne pas dire n'importe quoi. Ces règles sociales s'apprennent d'elles-mêmes, progressivement, depuis les premiers échanges au cours desquels le rôle des deux protagonistes est bien inégal (relire les exemples de Dimitri ou d'autres petites séquences rapportées au début de ce chapitre).

Parmi les nombreux travaux consacrés à la question, certains ont comparé le langage adressé à l'enfant par les pères et par les mères. Les caractéristiques générales sont identiques, mais il arrive que les pères aient plus souvent recours à des questions ; celles-ci demandent le plus souvent à l'enfant de redire ou de préciser, ce qui laisse entendre que les pères comprennent peut-être moins bien les énoncés de l'enfant (il faudrait pouvoir préciser si ces pères passent autant de temps avec lui).

Très peu de documents rendent compte du langage des institutrices avec les très jeunes enfants. Les recherches habituellement citées ont été conduites avec des enfants de cinq à sept ans ; il ne s'agit plus des débuts du langage. Dans la mesure où l'on voit arriver à l'école des enfants de plus en plus jeunes, les maîtresses qui s'adressent aux plus petits (les deux-trois ans) se trouvent à peu près dans la même situation que les mères dont il vient d'être question tant pour comprendre que pour répondre, reprendre, dialoguer. Nous y reviendrons.

Nous avons décrit quelques-unes des caractéristiques du registre de langage qu'emprunte la plupart des adultes qui parlent à des tout petits. Il ne faut pas voir là une ligne de conduite obligée. On a remarqué que ces critères vont plutôt dans le sens d'une bonne acquisition du langage mais il existe beaucoup de variantes. On hésite même à écrire que l'on pourrait voir là un registre de langage idéal : cela sous-entendrait qu'il est fautif de ne pas se rapprocher de cette image. Il est illusoire d'enseigner cette façon de faire à des parents qui n'en ont pas l'intuition. « Apprendre à parler comme il faut à votre bébé » serait, je le crains, une monstruosité, risquant de faire adopter des habitudes mécaniques, non naturelles. Rien n'empêche cependant de donner quelques conseils, en les adaptant à chacun, de proposer des idées à ceux qui n'en ont pas spontanément.

Bien des jeunes parents sont en effet très déroutés devant un bébé. Rien ne prépare à être parent alors que l'on clame tant qu'il faut faire comme-ci et comme-ça et ne pas rater ces premières années pendant lesquelles « tout se joue » (ce n'est pas faux, mais bien des parents sont paralysés par l'anxiété). Vous entendrez souvent des parents – des grands-parents aussi – reconnaître qu'ils ne savent pas bien s'y prendre avec l'enfant, espérant que cela viendra « quand il sera intéressant, qu'il saura parler ». Ils n'ont pas l'idée de se comporter tout simplement, en parlant « comme ça vient » ; pour eux, l'enfant n'est pas encore *dans* le langage. Ils se trompent et c'est bien dommage. Lorsqu'ils formulent leur réserve, c'est généralement lors d'une conversation ou d'une consultation motivée par le retard de langage de l'enfant. S'il n'est pas trop tard, on peut essayer de les aider. Nous reviendrons, dans le dernier chapitre, aux questions qui gravitent autour des interactions précoces de langage.

Interactions verbales entre enfants

Les adultes ne sont pas les seuls pourvoyeurs de langage. Les enfants apprennent aussi entre eux (Beaudichon, Sigurdsson, Trelles, 1978 ; Berko-Gleason, 1973 ; Slema-Cazaen, 1977).

Rappelons-nous deux observations courantes. La première illustre les capacités précoces d'écoute et d'imitation de très jeunes bébés (quelques semaines) qui ne se voient pas mais s'entendent vocaliser. Avec des bébés couchés dans des lits voisins, à l'hôpital, on observe que l'un imite les modulations vocales de l'autre (la hauteur, le timbre ; il suffit que l'un babille, l'autre lui « répond »).

La seconde remarque peut être faite par tous, à tout instant : l'une des grandes joies d'un bébé de cinq ou six mois, assis, tranquille, est de regarder jouer des enfants sous ses yeux. Les enfants un peu plus grands, surtout s'ils bougent et rient ou crient en s'amusant, exercent une véritable fascination sur les plus jeunes.

Le plaisir d'être ensemble et de faire comme les grands renforce toutes les conduites d'imitation, de répétition, de jeu qui peuvent intervenir dès les premiers mois. C'est surtout avec les enfants un peu plus âgés que le bébé va apprendre. Un grand de trois ou quatre ans se met tout naturellement à la portée du « petit ». En gros il apparaît que dès trois ans, parfois quatre, un enfant qui parle normalement adopte un registre particulier lorsqu'il parle à un enfant plus jeune. Les caractéristiques sont à peu près les mêmes que celles du langage que l'adulte adresse au bébé. Ces ajustements sont observés aussi lorsque ce « grand » parle à un enfant débile mental ou à un enfant qui ne parle pas bien. Il s'ajuste à son interlocuteur. Nous sommes très loin des dogmes de Piaget d'après lesquels un enfant était incapable d'adapter son discours à un interlocuteur.

La télévision

On connaît l'histoire d'un petit garçon dont les parents, sourds profonds, n'utilisaient avec lui que la langue des signes. Le garçon n'était pas sourd et il passait de longues heures devant le poste de télévision. Les bribes de langage qu'il arriva à acquérir vinrent certainement en grande partie de ce que l'enfant avait entendu à la télévision. Mais cela ne lui permit pas de construire un langage.

On ne peut évidemment rien conclure d'une seule observation. Mais on pose, par le biais de la télévision, une question qui concerne un grand nombre d'enfants. Les parents ne ressemblent pas toujours au portrait idéal de l'adulte linguistiquement compétent. Les raisons en sont multiples. Certains n'ont pas le temps, d'autres ne s'intéressent pas à l'enfant. Il y a tant de façons d'être en difficulté lorsqu'on est parent, jusqu'à être absent ou ne pas compter dans l'univers de l'enfant.

L'une des questions qui se posent alors est : comment se construit le langage d'un enfant qui entend parler autour de lui, mais sans que cela s'adresse à lui directement ? Il n'est plus question d'imitation, de *feed-back*, de tour de parole. La fréquence de ces situations de carence, ou de relative carence, de l'entourage coïncide avec le constat des nombreuses heures passées devant le poste de télévision par les enfants de tous âges, y compris les tout petits (exemple fréquent de l'enfant déposé chez une nourrice tôt le matin qui regarde la télévision avant d'être conduit à la crèche ou à l'école maternelle).

Les recherches qui mettent en relation télévision et développement du langage font état d'un bilan constamment négatif (notamment aux États-Unis, au Mexique, en Australie). Il en est ainsi surtout lorsque l'enfant regarde de façon prolongée et régulière dessins animés ou *comics* et qu'il les regarde seul. Par contre, certaines émissions (reportages, animaux, ou séries pédagogiques) peuvent avoir une incidence positive sur le vocabulaire, surtout si un adulte regarde l'émission avec l'enfant, s'y intéresse, fait des commentaires. Nous retrouvons donc une situation de relation, de dialogue possible pour l'enfant, dont bénéficient surtout les enfants de milieux favorisés. Cette présence de l'adulte à leurs côtés existe dans la vie de tous les jours et pas uniquement pour les accompagner devant la télévision.

Les stratégies de l'enfant

Supposons que l'enfant se trouve dans un bain de langage positif, avec des adultes linguistiquement suffisants. Comment va-t-il extraire du langage qu'il entend les modèles à partir desquels il va construire sa langue ? Par quel coup de baguette magique ce langage qui est extérieur à lui va-t-il progressivement faire partie de ses propres compétences ?

Il n'y a pas de réponse simple à ces questions. On connaît quelques-uns des fonctionnements qui permettent cette appropriation du langage. On ne connaît pas tout, il s'en faut.

Stratégies d'écoute

Dans ce jeu à deux avec l'adulte, l'enfant copieur de modèles porte une certaine attention au langage qui lui est adressé ou qu'il entend autour de lui. Attention au monde parlé, écoute ou intérêt pour l'univers sonore ne se distinguent pas aisément. Nous avons souvent l'occasion de constater que, comme dans bien d'autres domaines, tous les enfants ne sont pas égaux dans ce qui apparaît comme une condition essentielle à l'appropriation du langage : l'écoute du langage ou du monde sonore en général. Redisons que nous parlons ici d'enfants qui entendent, qui n'ont pas de problème courant d'audition.

Je raconte souvent un exemple qui m'avait semblé dépeindre exactement ce problème. Nous connaissions, en consultation hospitalière, depuis l'âge de trois ans et demi, une petite fille qui ne parlait à peu près pas, sans comprendre comment expliquer ce retard. Aidée depuis quelques mois par une orthophoniste, elle avait découvert avec elle les livres, des activités de jeu qui ne lui étaient pas familières auparavant. Elle avait progressé un peu dans ses comportements, mais son intérêt pour le langage était toujours inexplicablement limité. Je la revois, six mois après notre première rencontre. Nous dessinons, assises autour d'une petite table, en bavardant (je monologue, en faisant comme si elle intervenait dans nos échanges). En fait nous sommes trois autour de la table : elle est venue avec sa petite sœur qui a un peu plus de deux ans, une enfant vive qui progresse bien, s'intéresse à ce qui se passe et dessine avec nous. Tout à coup, la petite sœur se lève, me fixe en faisant un grand geste de la main dans la direction de la fenêtre et dit, le regard brillant : « T'entends ? » Elle m'invite à écouter ce qu'elle repère immédiatement, un bruit inhabituel pour elle : un hélicoptère qui vient se poser au service des urgences voisin. La vivacité de son expression rend plus frappante l'absence absolue de réaction de l'aînée, qui ne lève pas le nez de son dessin ; ce bruit inopiné n'a entraîné aucune réaction de sa part.

On ne sait comment appeler cette absence de réaction. Ce n'est pas un manque d'attention : le bruit était si intense que tout le monde a réagi. Manque d'écoute ? de perception du monde sonore ? Le seul fait indiscutable est que cette enfant de quatre ans n'a rien manifesté alors que tout le monde a entendu et perçu ce bruit. La petite sœur l'a noté comme un bruit inhabituel ; pour tous les adultes le bruit a signifié « hélicoptère ».

Cette petite scène attire l'attention sur les inégalités qui existent face au monde sonore complexe dans lequel nous vivons. Ici, on peut dire que le monde sonore « ne lui dit rien ». Parfois cette absence d'intérêt ou d'attention se limite aux stimulations parlées, parfois elle touche tout le monde sonore. L'exemple de cette petite fille montre en quelque sorte une indifférence extrême et globale, ce qui est très rare.

Il ne faut cependant pas raisonner comme si existaient deux catégories opposées : des enfants qui sont sensibles au monde sonore et d'autres qui n'y prêtent pas attention. Il s'agit là d'extrêmes et il y a dans la réalité toutes les variantes d'aptitude possibles entre ces deux façons de réagir. Ceux que gênent des difficultés d'écoute de dimension moyenne ou légère peuvent être aidés. Il est plus difficile d'améliorer des enfants dont les troubles sont sévères, comme la petite fille qui n'a pas bronché au passage de l'hélicoptère.

Une chose est d'écouter, une autre est de percevoir les finesses, les nuances et les pièges qu'il y a dans la parole, de saisir les différences minimes, celles qui reposent sur un seul phonème par exemple.

Même lorsque le langage est constitué, il arrive que des confusions se manifestent sans que l'on sache si leur origine est perceptive ou s'il s'agit de la réalisation :

> Suivant la consigne d'un journal illustré, Antoine, cinq ans, cherche des mots au début desquels on entend le son « *c* », comme « collier », « carapace ». Il trouve : « carotte », « caméléon » et… « tamion » !, ce qui le fait beaucoup rire car il perçoit immédiatement la confusion qu'il vient de faire.

Construire le langage suppose des capacités de *discrimination*. L'enfant doit percevoir, reconnaître, reproduire des écarts fins d'ordre acoustique (différences entre phonèmes que ne distingue qu'un critère, comme sourde-sonore ou oral-nasal) ou autre (distinctions dans le découpage de la chaîne parlée :

l'enfant prononce « un tâne », suivant la forme familière « un petit âne », ou « les noranges », suivant « une orange »).

Bien des « bonnes fautes » montrent que l'enfant est en train d'acquérir certains repères et des fonctionnements mais que tout ne s'agence pas encore parfaitement.

> Dans le TGV, une petite fille de deux ans et demi va et vient. Elle s'attarde près d'un enfant avec lequel je suis en train de lire *Babar*. Son frère vient la chercher ; non, elle préfère rester :
> — Moi regarde la l'histoire.
> Elle a acquis globalement « l'histoire » et sans doute un vague sentiment que ce mot est féminin (elle a entendu : une histoire). Les deux acquisitions se mêlent et aboutissent à ce doublement de l'article.

Stratégies de compréhension

L'enfant écoute, perçoit, distingue… mais comment comprend-il ? La question des stratégies de compréhension est parmi les plus difficiles. Comment l'enfant extrait-il un sens à partir d'un énoncé dont il ignore la plupart des mots et des structures ?

Le contour intonatif est certainement l'un des premiers indices pour lui. La forme interrogative est perçue comme telle bien avant que l'enfant ne comprenne les mots et la syntaxe. Certains termes sont plus accentués que d'autres, ou placés de telle façon qu'ils retiennent plus l'attention ; il est probable que, même s'il ne comprend pas un énoncé dans son ensembe, l'enfant s'accroche à certains mots, ceux qu'il connaît (camion, promenade, biberon), qui lui plaisent, ou ceux que l'on accompagne d'un geste de désignation (cette petite voiture, là !) ou de localisation (… qui est sous la table ou qui est là-haut, dans l'escalier). La redondance du discours de l'adulte facilite le repérage. Dans ce que l'on dit, redit, paraphrase, l'enfant arrive forcément à glaner quelques indices.

La longueur des énoncés et l'ordre d'occurrence des mots interviennent et se mêlent souvent. Bien des enfants sont incapables de maintenir leur attention jusqu'au bout d'un énoncé trop long ; ce sont alors les derniers mots qu'il repère. D'où ces consignes souvent données aux parents dont les enfants sont en difficulté pour parler : faites des phrases courtes, placez de préférence à la fin de la phrase le mot le plus important pour le sens ou redites à la fin le mot le plus significatif.

Stratégies d'imitation

Comme il imite nos gestes, nos mimiques, nos actions de la vie quotidienne, l'enfant imite nos intonations et les mots qu'il entend et réentend. Nous l'avons vu depuis le début : chacun imite l'autre. L'adulte le fait plus abondamment, dans la mesure où il dispose d'un répertoire plus large : l'adulte imite en modifiant, améliorant, corrigeant.

C'est dès un ou deux ans que l'enfant imite et répète des mots, des fins de phrases. La répétition immédiate est l'un des procédés d'appropriation les plus productifs. Depuis les exemples les plus simples :

> Dimitri joue avec son père. Ils sortent d'une boîte de petits objets qu'ils se montrent et nomment en s'exclamant :
> — (Le père :) C'est la maison !
> — (Dim. :) Ason.
> Là c'est Dim. qui imite son père, puis il prend l'initiative :
> — (dim. :) Anom'! Anom'!
> Aucune réaction du père, qui n'a pas compris que « anom » est un mot. Il faut que maman repère et traduise :
> — (La mère :) Bonhomme, oui, c'est un bonhomme !
> Alors vient la reprise-imitation paternelle :
> — (Le père :) Bonhomme !

en passant par des imitations d'actions :

> Iris prend son téléphone jouet ; personne ne lui donne la réplique, évidemment. Elle reproduit exactement les intonations qu'elle a l'habitude d'entendre :
> — Allo ? (Attend un peu, comme si elle écoutait.) Allo ? Ça va bien, Sophie ? (Nouvelle attente, puis quelques intonations jargonnées.) (Comme si elle répondait :) Oui, ça va bien.

des imitations de rituels :

> Iris fait manger sa poupée à la cuiller. Elle la tient fermement et reproduit tout le rituel de « une cuiller pour maman… », l'air vraiment affairé, le geste impératif :
> — Pour Sophie,
> pour Dorothée,
> pour Agathe,
> pour Nounous, etc.
> Quand le repas est terminé, elle se tourne vers l'adulte.
> — L'a bien mangé ? Il est gentille, oh… elle est, elle est, elle est gentille, hein !

de dialogue :

> (Il fait les demandes et les réponses, en jouant seul aux playmobil, 28 mois) : Bonjour !
> — Ça va ?
> — Oui !

des interdits, en endossant sans vergogne notre propre rôle :

> Antoine gratte la terre dans les jardinières de bégonias (le même scénario, tous les étés, depuis des années). Sachant que c'est interdit il se dit à lui-même, tout en continuant :
> — Ça suffit, Antoine, ça suffit !

Stratégies de production

Pour ses interlocuteurs l'enfant est dans le langage lorsqu'il commence à dire des mots, à faire des phrases. Ce sont les manifestations concrètes, observables, enregistrables… mais il s'est passé bien de choses avant d'en arriver là. L'enfant a écouté, perçu, compris, retenu une forme et un sens, d'autres relations encore. Les mots qu'il dit ne sont ni des improvisations ni des fantaisies ; il les a « dans la tête », organisés, mémorisés, prêts à être utilisés dans la situation qui convient. Ils ne sont que la toute petite partie visible de l'iceberg.

Nous avons évoqué au passage certains des repères que l'enfant a organisés. Il a distingué la forme de tel mot qui ressemble à tel autre mais est différent. Il a repéré certaines règles de fonctionnement qu'il va pouvoir utiliser dans des cas adaptés. Par exemple, « de » signifie l'appartenance :

— La robe de maman, le chat de Titi.

Il généralise l'usage de la règle. Mais il arrive qu'il la généralise trop (surgénéralisation), lorsqu'il dit :

— Le sac de moi.

C'est par ce jeu de généralisation-extension abusive de la règle que l'enfant construit de nombreuses acquisitions sémantiques et grammaticales, ce qui entraîne de jolies créations éphémères comme :

— Ils sontaient, il prendait.

Ces créations constituent ce que l'on peut appeler de « bonnes fautes » (François F. et D., Sabeau-Jouannet E., Sourdou M., 1977). Il s'agit bien de fautes, mais elles fonctionnent en se conformant à une règle, montrant que l'enfant a déjà élaboré des structures de régularité dans lesquelles vont se mettre en place les acquisitions ultérieures.

Les tâtonnements de l'enfant se manifestent aussi dans les nombreuses approximations phonétiques, morphologiques, sémantiques dont il a parfois conscience, ou non. S'il ressent l'incorrection, il arrive qu'il se corrige lui-même ou interroge (comment c'est ?). Parfois l'adulte dit le mot correct après lui. Ce jeu d'erreur-correction ou approximation-correction fonctionne de façon méthodique, voire rigoureuse, chez des enfants appliqués, soucieux de bien dire comme de bien faire, ou parfois de façon plus relâchée. Les caractéristiques mentales propres à chacun réussissent à résoudre plus ou moins vite, plus ou moins bien, les difficultés et les pièges de la langue.

Au terme de ce chapitre, voici un petit travail personnel : vous dressez la liste de tout ce qui, comme par enchantement, fonctionne bien lorsqu'un enfant se développe sans problème, de ce qui est génétique, de ce qui peut survenir ou être découvert après sa naissance, de sa place dans cette famille, dans ce milieu, à ce moment de la vie… Et encore celle de ses dons propres et des particularités de chacun. Vous mêlez tout ce que vous avez réuni et vous avez l'idée très juste de la fragilité des choses. Pour notre sujet, « les choses », c'est le langage que chacun construit et qui parfois n'arrive pas à se mettre d'aplomb, comme nous allons le voir dans le troisième chapitre.

3

Les troubles du langage de l'enfant

Dire qu'un enfant de trois ans – ou un peu plus – a un problème de langage signifie, dans l'immense majorité des cas, qu'il est *en retard pour parler* ou qu'il *ne parle pas*. Qu'on reprenne les repères d'âge et les conditions d'acquisitions évoqués dans le chapitre précédent, et on en conclura aisément que tous les enseignants ont, parmi leurs élèves, des enfants qui sont plus ou moins gravement en difficulté pour parler.

Tous les retards de langage n'ont pas la même importance, la même origine, la même évolution. Connaître les principales familles de troubles du langage permet de se repérer un peu mieux dans cette réalité alors qu'il n'est pas facile au premier abord de faire la part entre ce qui est grave ou non, normal ou non. Sous l'étiquette « troubles du langage » ou « retard de langage » se mêlent des problèmes très divers dans leur expression, leur origine et leur gravité[1].

---

1. Aimard P., *Les Troubles du langage chez l'enfant*, Paris, PUF, coll. « Que sais-je ? », n° 2158, troisième édition corrigée 1994. Les vues sur les problèmes de langage présentées aujourd'hui sont le résultat de nombreuses années de recherches cliniques et thérapeutiques, enrichies au fil des années par des apports psychologiques et psycholinguistiques. La première mise au point a été présentée au XIIe Congrès des pédiatres de langue française en

Pour ajouter à la confusion, une oreille non exercée ne distingue pas très bien si les difficultés présentées par un enfant portent sur l'acquisition du langage dans son ensemble ou si elles se limitent à un aspect partiel (les sons, les mots, etc.) ; les défauts d'articulation n'échappent à personne alors qu'ils sont bien souvent tout à fait anodins.

Chaque fois que se pose un problème de langage, plusieurs questions surgissent et se mêlent. On va s'efforcer de bien cerner les difficultés, de les évaluer au mieux, de s'interroger sur leur étiologie et d'en apprécier autant que possible la gravité. Se dessine alors un diagnostic qui oriente les conseils thérapeutiques. Les contraintes de la présentation écrite imposent d'exposer successivement ces différents points de vue, ce qui entraîne un découpage artificiel et entraîne quelques redites. Ne pouvant éviter ces défauts, je propose une présentation qui correspond à la démarche clinique : comment s'y prend-on lorsqu'on doit donner un avis sur le langage d'un enfant ? Ainsi :

– description des troubles,
– présentation selon l'étiologie,
– présentation selon la gravité.

Description

Les troubles articulatoires

Ils affectent la production orale de la parole. Lors du « geste articulatoire »[1], la voix est modulée en différents points

juin 1949 par une équipe pluridisciplinaire (déjà !) composée de pédiatres, d'orthophonistes et d'un psychanalyste : C. Launay, S. Borel-Maisonny, H. Duchène et R. Diatkine. Des noms que l'on devait retrouver dans les années et les décennies suivantes, car, depuis cette publication initiale, tous ont approfondi et enrichi les connaissances et les pratiques et fondé les bases des spécialités groupées autour du langage de l'enfant.

1. Les lecteurs qui souhaitent étudier en détail les mécanismes de ces troubles trouveront des explications claires et précises dans l'ouvrage d'un phoniatre : Le Huche F., *Les Apprentissages de la communication, Parler, Lire, Écrire*, Paris, Ramsay, 1990.

de la bouche, les points d'articulation (lèvres, pointe de la langue, voile du palais) pour produire les différents phonèmes de la langue.

Il est très rare que la gêne articulatoire affecte tous les phonèmes. Elle est liée alors à un handicap moteur d'origine neurologique qui s'accompagne de *difficultés motrices bucco-faciales*, parfois de troubles de la déglutition, de la mastication, d'hypersialorrhée (bave).

Le plus souvent les troubles articulatoires sont limités à la production d'un phonème (fréquemment absence de *R*, comme le parler des Martiniquais), de quelques phonèmes ou groupes de phonèmes. Les constrictives sont le plus souvent affectées, entraînant différentes variantes de *sigmatisme* :

– les erreurs les plus fréquentes portent sur *S Z – CH, J* = zozotement ;
– une variante, le *schlintement*, produit un bruit mouillé qui s'écoule sur les côtés de la langue en faisant « *chl* ».

Les troubles articulatoires peuvent avoir une cause périphérique, c'est-à-dire une gêne des organes de la phonation, qu'elle soit morphologique ou fonctionnelle. Il s'agit alors d'un problème périphérique dans lequel le langage n'est pas en cause. Deux situations sont particulières :

– les *fentes labiales et labio-vélaires* sont des malformations congénitales dont le diagnostic entraîne la mise en place d'un programme thérapeutique précoce actuellement bien maîtrisé qui associe chirurgie plastique, guidance parentale et rééducation, de telle sorte que les séquelles esthétiques et articulatoires ne ressemblent en rien à ce qu'elles étaient il y a quelques décennies ;
– le *nasonnement* est d'un tout autre ordre. L'enfant parle comme s'il avait un gros rhume. Il s'agit d'une mauvaise fermeture du voile du palais (paralysie ou grosses végétations).

Dans les situations courantes, les troubles articulatoires ne répondent pas toujours aux mêmes mécanismes.

Certains relèvent essentiellement d'un problème moteur. L'enfant présente un retard moteur, une gêne motrice globale ou des difficultés motrices localisées à la région bucco-faciale qui affectent la coordination fine et complexe nécessaire à la production des phonèmes et à leur enchaînement.

Dans d'autres cas les difficultés initiales sont plutôt d'ordre perceptif. En effet l'enfant reproduit ce qu'il entend, ce qu'il perçoit. Outre une audition normale, cela demande des qualités d'attention, de discrimination, et l'établissement d'un schéma de production fixe : audition-phonation. Pour produire un phonème il faut en percevoir les traits pertinents et les caractéristiques distinctives. C'est ainsi que les « fautes » articulatoires les plus courantes montrent que certaines oppositions ne sont pas perçues et, donc, ne sont pas reproduites. Parmi les confusions courantes :

– opposition sourde-sonore : *S* (sourde) – *Z* (sonore),
CH (sourde) - *J* (sonore) ;
– opposition voyelle orale-nasale : *a-an*, ou *o-on*.

10 % des enfants présentent encore de petits troubles articulatoires vers cinq ou six ans. Il n'y a donc pas forcément lieu de s'inquiéter ni d'intervenir lorsqu'un enfant dont le langage est bon présente un petit zozotement ou d'autres particularités articulatoires.

Les troubles de parole

La parole est la mise en mots de la langue, son actualisation, sa réalisation orale. Le langage peut être actualisé aussi par voie gestuelle ou écrite. « Parole » s'oppose à « langage » : il arrive que l'enfant connaisse des mots, des structures de langage, qu'il les ait « dans sa tête » mais n'arrive pas à les produire, à les couler en parole.

Les troubles de parole sont moins systématiques que les troubles articulatoires. L'enfant simplifie, omet les *R*, escamote des syllabes (la première syllabe d'un mot et plus souvent la dernière ; on parle de « chute des finales »). Il omet ou confond certains phonèmes, particulièrement ceux qui se trouvent en position difficile, lorsque deux ou trois consonnes se suivent

– *létité* = l'électricité,
– *bitet* = bicyclette.

Mais ces *simplifications* et *omissions* ne sont pas fixes. L'enfant produit une autre forme pour le même mot dans un autre contexte. Il peut très bien aussi répéter un mot long, avec son déterminant, ou articuler un phonème qu'il ne dit pas spontanément. Il répète par exemple :

mon pyjama

alors que dans le fil du discours ce pyjama devient :

zama, sama de moi, ou autres formules.

Il peut exister aussi des modifications par *adjonction* d'un phonème :

brourette pour brouette ;

des *inversions* : la place de certains phonèmes est modifiée :

graçon pour garçon, *bourette* pour brouette ;

et des *substitutions* : un phonème en remplace un autre, comme « *z* » ou « *s* » remplaçaient ci-dessus le « *j* » de « pyjama ».

Les erreurs de *découpage* de la chaîne parlée persistent longtemps :

– le *nours* pour l'ours, suivant la forme perçue dans : « un ours » ;
– un *tâne* pour un âne, suivant la forme perçue dans : « un petit âne ».

Les troubles de parole paraissent être en quelque sorte comme une persistance ou une amplification de petits défauts du langage enfantin. Aux facteurs moteurs, perceptifs, discriminatoires, cités avec les troubles articulatoires s'ajoutent :

– l'attention portée au langage. Certains enfants précis s'appliquent à trouver la forme juste, alors que d'autres se contentent d'un « à peu près » pourvu qu'il n'en résulte pas de gêne à la communication ;
– des facteurs mémoriels, portant notamment sur la mémoire immédiate : capacité à reproduire un mot long, de trois ou quatre syllabes, à plus forte raison une séquence longue ;
– la précipitation de certains enfants bavards ;
– une certaine immaturité générale dans bien des cas.

Troubles de parole et troubles de l'articulation sont souvent mêlés. Ils sont rarement absents lorsque le langage est affecté dans son ensemble.

Les troubles du langage

Le fait qu'un enfant soit en retard pour parler n'inquiéterait pas outre mesure si l'on était sûr qu'au bout du compte il parle normalement. Au fond, peu importe que le langage soit construit à quatre ans plutôt qu'à trois si l'enfant est à l'aise pour comprendre, se faire comprendre, tenir sa place avec les autres. Mais ce n'est pas le cas dans les troubles du langage, du moins pour ceux qui ne sont pas tout à fait anodins. Deux facteurs sont déterminants pour l'évolution de ces enfants.

1. En premier lieu la *lenteur des progrès*. On peut souvent mal apprécier l'importance des problèmes de langage d'un enfant lorsqu'on ne le voit qu'une seule fois. Par contre, deux bilans comparatifs à trois ou six mois d'intervalle permettent d'évaluer s'il a fait des progrès. On sait que ceux-ci sont extrêmement rapides lors de ces années clés de l'acquisition du langage. Or, dans certains cas de troubles du langage, il arrive que les progrès soient minimes lorsqu'on revoit l'enfant quelques mois plus tard. Il y a comme un étirement du temps des acquisitions.

On a vu, par exemple, que normalement l'enfant tâtonne quelques semaines, parfois quelques mois, avant de dire, de façon fixe, « je » lorsqu'il parle de lui-même, ou encore lors de l'acquisition des adjectifs possessifs. Cette période s'allonge considérablement en cas de troubles du langage. Il en est de même pour la compréhension du langage d'autrui, pour l'extension du vocabulaire, pour les marques syntaxiques, pour la forme des questions, etc. Une lenteur anormale dans l'appropriation des formes de la langue pèse lourdement dans l'évolution.

2. Un autre critère tout aussi pertinent est la notion de *dysfonctionnements* dans les mécanismes d'acquisition. Redisons qu'un simple retard n'aurait pas de conséquences catastrophiques, mais ce qui va peser dans l'évolution de ces enfants est qu'ils se bloquent dans des impasses : ils comprennent de travers certaines formules et n'arrivent pas à percevoir ce qui ne va pas dans ce qu'ils élaborent, ils acquièrent des formes figées qu'ils n'arrivent pas à mobiliser ou à généraliser. Nous reviendrons sur ces dysfonctionnements qui font la gravité même de certains troubles du langage.

Selon l'étiologie

Les problèmes de langage sont parfois la conséquence directe d'une cause précise. On pense en premier lieu à des étiologies dont, pour certaines, il est possible de faire précocement le diagnostic. Celui-ci intervient aujourd'hui bien avant la mise à l'école. Dès qu'il est établi, l'équipe spécialisée qui suit l'enfant propose un plan d'aide adaptée (traitement, rééducation ou suivi adaptés à chaque pathologie) et coordonne les décisions qui peuvent être prises, notamment au moment où, et dans les cas où, il semble que l'enfant peut être intégré dans le courant scolaire normal. La réussite de cette intégration repose sur la collaboration des maîtres, des parents et des différents intervenants qui prennent en charge l'évolution de l'enfant. D'où l'intérêt pour les enseignants de bien connaître les difficultés propres à chaque étiologie.

Les étiologies des troubles graves du langage, voire de l'absence de langage, peuvent être :

– des troubles graves de l'audition : surdité sévère ou profonde ;
– certains déficits neurologiques entraînés par des lésions cérébrales ;
– des retards globaux, dits arriération ou débilité mentale profonde ou moyenne ;
– des troubles graves de la personnalité qui se rattachent à l'autisme infantile ou à certaines psychoses infantiles.

Dans les cas sévères, le diagnostic a été fait avant l'âge de l'école. C'est au cours du premier semestre de la vie qu'est décelé un déficit neurologique.

Une surdité profonde l'est au cours de la première année (dès les premiers jours de la vie si elle est recherchée systématiquement). On ne peut pas être tout à fait affirmatif d'emblée pour les retards mentaux (un certain temps d'évolution est nécessaire pour affirmer un retard sévère) ou lorsque l'autisme n'est pas trop profond.

Lorsque l'étiologie en cause est moins massive et les conséquences plus discrètes, il arrive qu'aucun bilan médical n'ait été pratiqué avant la mise à l'école. Ces enfants requièrent toute l'attention de l'école, ce qui est une lourde responsabilité pour l'équipe scolaire.

Les troubles auditifs

Dans la mesure où les surdités profondes ont été décelées auparavant, les enfants fréquentant l'école maternelle dont le retard de langage est en relation avec un déficit auditif entrent dans plusieurs cadres (Aimard, Morgon, 1985). Les problèmes diffèrent beaucoup selon qu'il s'agit :

– de surdité moyenne ou légère qui n'a pas été repérée jusque-là ;
– de surdité unilatérale ;
– de surdité évolutive. L'enfant présente initialement une audition normale ou subnormale. La surdité s'installe ou s'accentue progressivement.

L'évolution ne se présente pas du tout comme les surdités survenues dès la naissance. En effet on ne pense pas à un problème auditif dans la mesure où, de toute évidence, l'enfant entendait bien au tout début de sa vie. Le diagnostic est donc souvent d'autant moins rapide qu'il faut attendre un certain temps d'évolution pour comparer les courbes auditives de façon significative. Si l'enfant a eu le temps d'acquérir quelques éléments de langage avant que son audition ne se dégrade, les proches s'étonnent de leur régression : l'enfant perd des mots, des formules qu'il savait dire ;

– de périodes d'hypoacousie en rapport avec des épisodes rhinopharyngés plus ou moins longs, à répétition, dont les conséquences sont tout autres. Cette pathologie est extrêmement fréquente à l'âge précisément où l'enfant construit son langage. Pendant quelques semaines, quelques mois, l'enfant entend mal, perçoit des formes floues et s'habitue parfois à entendre de façon vague. Cette pathologie doit être soignée par un médecin ORL (de préférence un ORL connaissant bien les problèmes de l'enfant et les répercussions possibles sur le langage).

Être attentif : ce sont de petits signes qui attirent l'attention dans la vie courante :

– enfant qui n'écoute pas, qui se disperse, qui s'agite ;
– enfant qui ne comprend pas les consignes courantes, qui démarre toujours après les autres ;
– enfant qui fait répéter une fois, deux fois, encore plus. Il faut être particulièrement attentif, car cela se situe souvent autour de l'âge des questions. L'enfant demande : « Quoi ? », on répète, et de nouveau : « Quoi ? », puis trois fois, quatre fois, jusqu'à ce qu'il ait compris (vous remarquez que, de plus en plus excédés, nous haussons le ton et parlons en articulant mieux, ce qui, sans le chercher, peut faciliter la compréhension). L'hypoacousie risque souvent d'être méconnue ;
– enfant qui comprend encore plus mal dans le bruit ;
– enfant qui ne répond pas quand on l'appelle.

Que faire ? Nous redirons encore qu'il convient de confronter les remarques faites en classe et celles que les parents ont pu faire à la maison. Donc : en parler, aux parents, au médecin scolaire. Il s'agit parfois de soupçons vagues, on peut alors prendre un peu de recul et reposer la question quelques semaines plus tard (mais attention, le temps passe très vite au cours d'une année scolaire ; combien de temps faudra-t-il attendre un rendez-vous pour faire pratiquer un audiogramme, puis revoir le spécialiste, éventuellement faire un bilan comparatif, prendre contact avec le médecin scolaire ?).

S'assurer qu'un bilan sérieux est pratiqué. « Sérieux », on doit le souligner. Il est en effet tout à fait insuffisant de se contenter de petites épreuves subjectives comme appeler l'enfant par surprise lorsqu'il nous tourne le dos. Il doit avoir un bilan d'audition précis, minutieux, spécialisé. Contrairement aux croyances populaires, il est possible de mesurer l'audition dès la naissance et à plus forte raison lorsque l'enfant est plus âgé[1]. Des examens comparatifs à quelques mois d'intervalle peuvent seuls permettre d'apprécier l'évolutivité d'une surdité.

Les troubles d'origine neurologique

Les lésions cérébrales qui peuvent entraîner, parmi d'autres symptômes, des troubles du langage ne sont pas exceptionnelles chez l'enfant. Les principales causes en sont :

- les traumatismes périnataux, de plus en plus rares aujourd'hui (du moins dans nos pays dont la politique sanitaire est avancée) grâce au suivi des grossesses, notamment des grossesses à risque, et aux précautions qui entourent l'accouchement ;
- les affections infectieuses et vasculaires telles que les phlébites cérébrales, devenues plus rares également ;
- les traumatismes crâniens par contre ont gagné en fréquence. Pensez à la fréquence des accidents de la route et à ceux des déplacements de l'enfant dans le cadre urbain mais aussi aux accidents liés aux structures de jeu (balançoires, toboggans) ;
- il existe aussi certaines affections neurologiques rares, très rares, qui associent perte du langage, épilepsie et anomalies électroencéphalographiques.

1. Film vidéo, *Examen auditif du jeune enfant*, Aimard P., Bazin F., Porot M., Service vidéo et cinéma de l'Université Claude-Bernard, Lyon, G. Dittmar éd.

La séméiologie d'origine neurologique varie beaucoup en fonction des lésions cérébrales, de leur localisation, de leur extension. Les troubles du langage, quant à eux, diffèrent selon que la lésion est constituée dès la naissance (la plasticité cérébrale est alors telle que des territoires non initialement destinés au fonctionnement du langage – dans l'hémisphère droit en particulier – peuvent jouer un rôle de suppléance en cas de lésion des territoires du langage de l'hémisphère gauche) ou que le trouble fait irruption alors que l'enfant commençait à construire son langage ou parlait déjà. La régression ou perte d'un langage déjà constitué s'appelle *aphasie*, comme chez les adultes d'un certain âge qui, à la suite d'un accident, vasculaire le plus souvent, présentent cette séméiologie caractéristique d'une lésion de l'hémisphère gauche : hémiplégie droite et aphasie.

Particularité de l'aphasie lorsqu'elle survient chez l'enfant, on assiste le plus souvent à la récupération du niveau de langage antérieurement acquis et ce d'autant plus que l'enfant est plus jeune. Il persiste cependant le plus souvent des séquelles discrètes, pas très spécifiques, portant sur la mémoire, l'attention, les capacités d'apprentissage, et notamment sur l'acquisition de l'écrit.

Revenons aux déficits neurologiques constitués dès les tout débuts de la vie. Les problèmes de langage ne sont habituellement pas isolés ; les déficits qui les accompagnent affectent en priorité la motricité (paralysie ou parésie, cette dernière constituant une gêne relative) sans qu'il y ait de correspondance très stricte entre la topographie des handicaps moteurs et la localisation cérébrale.

Il est fréquent aussi qu'existe une séméiologie diffuse, de manifestations assez disparates groupées par les auteurs anglo-saxons sous le vocable « *minimal brain disease* » ou « *minimal brain disability* », avec maladresse motrice, difficultés de coordination, de rythme, hypo ou hypertonie, instabilité. Un syndrome de « lésion cérébrale a minima » dont l'origine n'est guère vérifiable et dont la réalité n'est pas admise par tous les spécialistes.

Etre attentif : penser à une origine neurologique méconnue devant :

– des difficultés articulatoires majeures (l'équivalent des troubles moteurs, au niveau des organes de la phonation) qui, dans leurs formes sévères, s'appellent *dysarthrie* ;
– l'utilisation préférentielle de la main gauche. Il arrive qu'un enfant utilise spontanément sa main gauche dans la mesure où une parésie discrète entraîne une gêne du côté droit ;
– des difficultés motrices diverses.

Que faire ? Là aussi, comparer vos remarques à celles qui sont faites hors de l'école. Faire le point avec le médecin scolaire : des pathologies particulières sont-elles notées dans les antécédents ? Qu'en pense le pédiatre qui suit l'enfant ? Lorsqu'on suspecte des problèmes neurologiques méconnus jusque là, l'avis d'un neuro-pédiatre aidera à interpréter les examens spécialisés qui sont parfois indiqués.

Retard global

Il est souvent difficile d'apprécier le niveau de développement et les capacités d'un enfant qui ne parle pas, surtout si, dans le cadre de l'école, il se comporte de façon plutôt inhibée, s'il participe peu, s'il joue peu avec les autres.

Lorsqu'un enfant ne suit vraiment pas les activités de la classe, on ne doit pas s'en tenir à cette remarque en situation collective. Il peut se montrer tout autre dans une relation individuelle, et tout autre encore une fois franchi le seuil de l'école. On parle de retard ou de débilité lorsque concordent les remarques du milieu scolaire et du milieu familial.

Le retard peut être plus ou moins sévère, correspondant aux termes de *débilité mentale* légère, moyenne, sévère, ou d'*arriération mentale*. Il est aussi plus ou moins homogène. Le niveau d'éveil, des aptitudes, de la motricité, de l'autonomie, des initiatives correspond simplement à celui d'un enfant plus jeune ou, dans d'autres cas, les déficits prédominent dans certains domaines, en une évolution dysharmonieuse. Ce n'est ni plus rare, ni plus compliqué, mais on doit connaître les possibilités de l'enfant pour l'aider.

Être attentif : observant l'enfant dans des situations d'apprentissage et de jeu très diverses, comparant ce qu'il fait dans différents domaines avec les réalisations de ses contemporains, vous êtes particulièrement bien placé, dans le milieu scolaire, pour avoir une vue globale de l'enfant. On ne peut s'attendre à ce que chaque enfant réponde exactement aux attentes dans tous les domaines d'activités, mais du moins peut-on remarquer finement ce qui fonctionne bien ou non.

Que faire ?

L'enfant est-il à sa place dans cette classe ou peut-on proposer une solution qui serait meilleure pour lui ? Cette question doit toujours être posée. Répondre qu'il a bien sa place à l'école engage profondément. Cela implique que tout va être mis en œuvre pour l'aider à progresser, en premier lieu : prendre l'enfant où il en est (son langage, son graphisme, ses jeux et non ce qu'il devrait faire et savoir à son âge) et suivre son rythme propre. Il fera des progrès plus lents, comme un enfant plus jeune. Surtout, éviter de surajouter contraintes inutiles, comparaison, insatisfaction, sentiment d'échec, aux difficultés : elles sont déjà suffisantes.

L'intégration des enfants débiles légers n'est pas trop lourde tant qu'ils ont l'âge de fréquenter l'école maternelle. Il arrive qu'on les accepte encore jusqu'à sept ans. On admet tout à fait qu'un enfant – ou un petit groupe d'enfants – suive une progression plus lente que le groupe des élèves sans problèmes : des enfants auxquels il faut expliquer en termes plus simples, de façon plus répétitive, dont on tolère le graphisme moins soigné et qui reçoivent, le plus souvent, un soutien personnalisé, que ce soit pour le langage ou globalement.

Il devient plus difficile de prolonger ces écarts de niveaux après six ou sept ans. Nos habitudes manquent de souplesse. Il faudrait être très attentif aux orientations que l'on propose pour des enfants dont les capacités d'évolution sont souvent difficiles à apprécier.

Les troubles apparentés aux psychoses infantiles

Si les problèmes de langage se reconnaissent de façon immédiate dans l'autisme ou les psychoses infantiles précoces certaines, il est bien des manifestations discrètes et parfois fugaces qui peuvent inquiéter et qui peuvent être trompeuses si on ne les situe pas dans l'évolution globale de l'enfant.

Premier type de situation : le diagnostic a été porté chez l'enfant très jeune et vous allez avoir en classe un enfant suivi par une équipe médico-psychologique, en cours de traitement, dont on estime qu'il peut trouver un bénéfice à se trouver une ou deux fois par semaine avec d'autres enfants normaux dans un milieu scolaire normal. Les échanges avec l'équipe de soin permettent de situer les difficultés de l'enfant, de l'aider à trouver à peu près une place dans la classe sans trop en perturber l'atmosphère. Tout autres sont les problèmes que peuvent poser divers troubles du langage et/ou de la communication lorsque vous en êtes le témoin de la part d'un enfant qui fréquente l'école et pour lequel aucune information particulière ne vous a été fournie. Vous notez différentes manifestations séméiologiques qui, présentées ainsi, peuvent sembler disparates :
- l'indifférence au langage, l'absence d'écoute ;
- un mutisme : l'enfant ne dit pas un mot alors qu'il ne semble pas étranger au langage ;
- des soliloques : il parle tout seul, comme s'il était dans un monde à lui indépendant de ce qui se déroule dans la classe ;
- des stéréotypies verbales : il répète sans raison les mêmes mots, les mêmes expressions, en reprenant parfois la fin de vos phrases ou des questions qui s'adressaient à lui ou à la classe (« qu'est-ce qu'on fait maintenant ? ») ;
- l'écholalie : il vous renvoie, comme l'écho, ce que vous venez de dire ;
- il ne dit pas « je » ;
- lorsqu'il parle, il emploie souvent des énoncés non construits, abrupts, quelques fois violents ;
- des fixations (formules toutes faites) ;
- et, encore, l'absence de communication en dehors du langage : pas de regard, pas d'ajustement spatial, pas de dia-

logue. Il n'y a pas de questions-réponses. Il ne vient pas vous demander s'il peut faire telle ou telle activité, mais lance sa demande « à la cantonade ».

Être attentif : vous ne noterez jamais toutes ces particularités chez un même enfant. Certaines, lorsqu'elles sont isolées et passagères, ne sont pas forcément signes de psychose infantile. Vous repérerez aisément d'autres signes bizarres dans l'attitude de l'enfant : des rituels, l'angoisse, des cris, l'absence de contact.

Que faire ?

Là aussi, en parler, réunir suffisamment d'informations pour ne pas inquiéter inutilement. En effet, tant d'ouvrages de vulgarisation, tant de témoignages ont été diffusés que la plupart des parents sont désormais plus ou moins informés et savent que c'est grave. C'est peut-être même le diagnostic qui est le plus redouté. Il est fréquent que, devant le comportement d'un très jeune enfant autiste, devant son indifférence à la présence et à la voix humaine, les parents pensent qu'il est peut-être sourd. Ainsi, c'est souvent dans une consultation d'ORL que se noue le premier contact ; j'ai en mémoire plusieurs de ces premières consultations, où, devant la normalité de l'audiogramme et l'attitude de l'enfant, les parents, voyant brusquement confirmer le diagnostic qu'ils redoutaient, affirment : « J'aurais préféré apprendre qu'il est sourd. »

La fréquentation de l'école, lorsqu'elle est possible, garantit au moins une certaine socialisation, même si celle-ci ne se traduit pas par de réels contacts avec les autres enfants. Il arrive que se noue parfois une relation privilégiée avec un autre qui, tout en étant lui-même tout à fait normal, trouve on ne sait pourquoi ni comment… on ne sait quoi, une « longueur d'ondes » commune qui entrouvre une petite brèche dans l'univers fermé de l'enfant psychotique.

À côté de ces problèmes psychopathologiques lourds, quelques enfants présentent à certains moments de leur petite enfance des périodes de comportement atypique, une sémiologie dont certains aspects ressemblent à celle des psychoses et ne sont pas faciles à vivre dans une classe. C'est cependant dans une classe normale – du moins si la pédagogie est suffisamment souple et individualisée –, aidés par ailleurs, qu'ils trouvent les meilleures conditions pour leur insertion ultérieure. Les apprentissages fondamentaux leur sont proposés en même temps qu'aux autres enfants, c'est-à-dire à l'âge normal des acquisitions. Leurs progrès ne sont pas tout à fait comparables à ceux des autres, mais certains apprentissages passent, on ne sait comment, alors qu'ils semblent ne pas écouter, ne pas participer.

Selon la gravité

Les étiologies dont nous venons de parler sont actuellement bien connues et précocement décelées. Mais il existe un grand nombre de problèmes de langage qui ne relèvent pas de ces causes principales. On parle de « troubles du langage essentiels ». Ce terme n'est pas une entité isolée, il renvoie plutôt à la relativité de nos connaissances en la matière. On peut simplement dire que ces enfants ont des problèmes de langage alors qu'ils ne sont ni sourds, ni arriérés, ni handicapés neurologiques, ni psychotiques. Leurs problèmes sont d'une grande diversité ; nous leur consacrons les paragraphes suivants, car leur séméiologie et leurs conséquences varient beaucoup suivant qu'ils sont discrets ou sévères.

Le groupe des troubles de langage essentiels est le plus nombreux et le moins homogène. Les questions groupées ici ne doivent pas être prises comme un classement ; elles seraient mieux présentées en les situant sur un éventail, sans frontière tranchée entre un groupe et un autre. À un bord de l'éventail se situeraient les troubles les plus banals : les retards simples du langage. Au bord opposé, des troubles gravissimes, exceptionnels, d'enfants qui ne parlent pas du tout ou n'élaborent à peu près aucun langage, non seulement à cinq ou six ans, mais ont encore très peu de langage dans les années suivantes ; ce groupe reste l'un des plus difficiles à cerner ; on a donné le nom d'*audimutité*[1] au déficit de langage de ces enfants.

Entre ces deux extrêmes, dont on a compris que l'un n'est guère inquiétant alors que l'autre présente un pronostic sombre, se situent les nombreux problèmes de langage dans lesquels se mêlent deux dominantes : retard important dans les acquisitions et éléments de dysfonctionnement que l'on appelle dysphasies de l'enfant, distinction sur laquelle nous allons revenir. Redisons encore qu'il n'existe pas de frontières entre ces différents syndromes mais que l'on peut parler, comme dans toute question de sciences humaines, d'un continuum. Il existe tous les degrés possibles entre retard simple et sévère, de même qu'entre dysphasie et audimutité. L'une des préoccupations des spécialistes du langage va être non pas de définir des frontières mais de chercher des signes évocateurs qui permettront de situer si les difficultés d'un enfant sont plutôt de l'ordre d'un retard d'acquisition ou évoquent la séméiologie des dysphasies.

Retards simples du langage

Quel *repère* adopter ? Quand peut-on parler de retard ? Les variantes individuelles sont connues dans tous les domaines. Certains enfants marchent à dix mois et par la suite ne se montrent pas particulièrement habiles sur le plan moteur ; d'autres ne marchent qu'à dix-huit mois et sont rapidement à l'aise pour grimper, courir, sauter. Les mêmes variantes, on l'a vu, existent pour le langage.

L'absence de babil au cours de la première année, l'absence de « bababa » dans les mois qui suivent évoquent bien sûr que l'enfant n'investit guère l'univers de la voix et des échanges sonores. L'idée de retard se précise lorsqu'à deux ans

---

1. *Audimutité* : le fait de ne pas parler alors que l'audition est normale. Le terme et construit comme *surdimutité* : le fait de ne pas parler en raison d'une surdité.

il ne dit pas de mots, et s'impose de façon plus nette lorsqu'à trois ans il ne parle pas ou ne dit pas grand-chose.

Ce constat n'inquiète pas toujours les proches. L'idée que la mise à l'école maternelle va tout arranger est encore très répandue, y compris chez les pédiatres qui voient sans doute là, dans bien des cas, une façon d'éloigner des jupes maternelles un enfant trop couvé.

Cet espoir est parfois comblé lorsque l'enfant trouve dans ce milieu des stimulations et un style de socialisation nouveau favorables au langage. Il n'en est pas toujours ainsi ; le niveau de langage de l'enfant est parfois si pauvre, ses habitudes de communication se limitent à un si petit nombre de schémas qu'il ne trouve nul repère dans ce milieu où pour lui tout est nouveau. Chez lui on comprenait son jargon, ici il est perdu. Fermé dans sa coquille, il n'évolue pas. Parfois son désarroi s'exprime de diverses façons, soit dans le registre du langage (mutisme, bégaiement, régression) soit par des manifestations psychosomatiques (des troubles du sommeil, de l'appétit, des douleurs diverses) ou des troubles du comportement (inhibition, tristesse ou plus simplement refus d'aller à l'école).

Que le diagnostic soit évoqué à trois ou quatre ans ou plus tard (on ne le soulève souvent qu'au cours de la dernière année d'école maternelle, au moment où il est question du passage au Cours préparatoire), le langage de l'enfant correspond à celui d'un enfant bien plus jeune. On parle indiscutablement de retard lorsque le niveau de langage correspond à celui d'un enfant qui a deux ans de moins. Ce critère n'est guère utilisable lorsqu'on voit un enfant très jeune.

Autre proposition : l'enfant est en retard s'il y a entre dix et quinze points d'écart entre quotient verbal et performance (QIV < QIP) lors de la passation de tests de niveau intellectuel comme le Wechsler (il existe des variantes de ce test, qui comporte une dizaine de subtests dont la moitié font appel au langage et l'autre, non).

Quels que soient ces critères, le retard affecte globalement compréhension et production, mais la production est souvent plus gênée que la compréhension. Il porte de façon générale sur tous les aspects du langage ou il arrive que certains aspects prédominent : troubles articulatoires, troubles de la parole ou du langage.

Comment *interpréter* ces retards simples ? On pense à des différences individuelles, toujours possibles, ainsi qu'à des facteurs héréditaires, souvent avancés par l'entourage : dans certaines familles on parle tôt, dans d'autres tard.

D'autres facteurs attirent l'attention, notamment une séméiologie de fond qui sera décrite de façon plus détaillée dans le groupe suivant (retard moteur, dyslatéralité, troubles d'attention, etc.).

Quelques facteurs explicatifs possibles sont à rechercher au cas par cas :

- des otites fréquentes ont pu entraîner des périodes d'hypoacousie plus ou moins longues et souvent méconnues à l'âge où les acquisitions de langage sont normalement les plus denses ;
- un petit retard global : l'enfant progresse lentement dans tous les domaines, chaque acquisition est laborieuse. Il ne s'agit pas à proprement parler de déficit intellectuel mais on trouve là ces enfants « limite » dont les progrès sont fragiles et remis en question par tous les aléas de la vie qui chez d'autres n'ont pas les mêmes répercussions sur les acquisitions essentielles ;
- une fragilité somatique ou les retombées de problèmes de santé sévères. C'est le cas de certains prématurés ou d'enfants qui ont été soignés pour une maladie grave dans la petite enfance. Non seulement ils sont l'objet de soins exceptionnels, ont souvent à subir des hospitalisations, des investigations ou des soins douloureux, mais la gravité de leur état est au premier plan des préoccupations de tous, si bien que les questions toutes simples concernant le langage et d'autres acquisitions passent au second plan et ne sont évoquées que bien plus tardivement, et souvent trop tard, alors qu'un certain retard s'est constitué ;
- l'enfant peut être élevé dans un milieu particulièrement pauvre linguistiquement, ou plus globalement dans une atmosphère

de sous-stimulation qui va jusqu'à des carences plus ou moins manifestes (insuffisance de soins, d'affection, de communication, de modèles linguistiques). Les carences graves entraînent plutôt des déficits linguistiques plus sévères ;
- à l'opposé les retards simples sont souvent en relation avec une immaturité générale chez des enfants surprotégés, trop dépendants de leur entourage. Ils restent « bébé » pour parler comme dans leurs habitudes alimentaires, leurs jeux, leurs comportements. Leur inappétence à parler et à grandir se retrouve parfois au sens propre dans des conflits alimentaires dont on trouve souvent le souvenir dans leurs antécédents.

Aucune de ces explications ne peut être retenue comme la cause des retards simples. Il s'agit d'hypothèses qui sont utiles pour essayer de comprendre le problème de chaque enfant. Comme on le voit ces hypothèses sont d'ordre très divers. Dans ce survol rapide sont réunis des facteurs organiques généraux, des questions de capacités personnelles, des difficultés de perception auditive, des explications psychopathologiques qui vont d'un extrême à l'autre puisque les enfants délaissés côtoient ceux qui sont trop choyés. Ce mélange est-il suffisant pour convaincre qu'il faut fuir les explications trop simples, univoques, qui croient expliquer tous les retards de langage de telle ou telle façon ? Vous avez certainement rencontré dans vos lectures ou d'autres enseignements ces idées toutes faites qui veulent tout expliquer... Il vaut mieux apprendre à se poser des questions que posséder des idées toutes faites qui prétendent tout expliquer.

Quel est le *devenir* des retards simples du langage ? Il arrive que tout s'arrange. L'enfant va parler, un peu plus tard mais sans gêne grave. L'évolution n'est cependant pas toujours idéale. Depuis que l'on est attentif aux problèmes de langage de façon plus précoce et qu'il est possible d'accompagner l'évolution de ces enfants, il apparaît qu'une aide personnalisée permet ou favorise cette évolution et met à l'abri de séquelles. Des recherches déjà anciennes sur l'évolution à long terme des enfants qui n'avaient bénéficié d'aucune aide ont montré plusieurs types de séquelles :

– le langage reste relativement pauvre. Il est surtout un point sensible, ces enfants ayant plus que d'autres tendance à présenter ultérieurement des épisodes de bégaiement ou de régression ;
– il persiste souvent de petits troubles de parole ;
– les difficultés ressurgissent au moment de l'apprentissage de l'écrit. En reprenant leur histoire, il apparaît que bien des dyslexiques ont présenté, et présentent encore parfois, des difficultés pour parler, difficultés qui n'ont pas été repérées au moment opportun ou n'ont pas été estimées importantes au point de proposer une aide personnalisée. L'enfant se débrouillait pour parler et tout le flou du maniement de la langue ressurgit au moment où doivent coïncider oral et écrit.

Devant un retard simple :

– ne pas attendre l'âge du CP pour se poser la question ;
– un bilan précoce, dès trois ans, est toujours possible ;
– ne pas se contenter de réflexions comme : ce n'est qu'une question de temps, tout s'arrangera ;
– une aide personnalisée met le plus souvent à l'abri des séquelles.

Dysphasies de l'enfant

Le terme de « dysphasie » est porteur d'ambiguïté. Il est proche d'« aphasie », ce qui laisse planer l'idée qu'une lésion cérébrale est à l'origine de troubles du langage de l'enfant. Ce rapprochement n'est pas totalement inadapté dans la mesure où – du moins dans les formes sévères – il existe des analogies séméiologiques entre les deux syndromes.

Mais à « aphasie », perte du langage, s'oppose « dysphasie » par le préfixe « dys » qui introduit la notion d'un dysfonctionnement, comme il le fait dans « dyslexie », « dysharmonie » et dans les syndromes de « dyspraxie », de « dysgnosie » décrits en neurologie.

La notion de dysphasie apparaît, dans les travaux de langue française, dans les années cinquante. Ce demi-siècle, avec tant de progrès scientifiques, a permis d'étudier la question : on doit connaître bien des aspects de ces problèmes aujourd'hui. Je puis en effet témoigner, ayant moi aussi parcouru ce demi-siècle, que ces problèmes de langage ont suscité un intérêt exceptionnel, que des travaux de toute nature se sont consacrés à étudier, classer, tenter d'expliquer. La bibliographie sur la question est considérable. Dans la pratique, peu importent les querelles terminologiques. Elles témoignent en tous cas de ce que ces syndromes sont difficiles à décrire, qu'il n'y a pas une unique façon d'être dysphasique mais un nœud de difficultés propre à chaque enfant.

Prenons la question au début. Lorsqu'un enfant de trois ans ne parle pas du tout ou ne jargonne que quelques syllabes, rien (ou à peu près rien) ne permet de dire comment va évoluer cette absence de langage. Seule l'évolution (six ou douze mois plus tard) dira si se dessine un retard banal ou si le problème s'annonce sévère. Voilà un premier critère : les progrès, lorsqu'il y en a, sont très très lents.

> Voici l'exemple d'un enfant dont nous avons eu la possibilité de suivre toute l'histoire. Ses parents demandent un bilan de langage un peu avant qu'il n'ait trois ans, c'est-à-dire « à temps », sans trop tarder.
>
> Romain et un fils aîné, un bel enfant, jamais malade, sympathique, actif… en un mot : « normal », en dehors du langage.
>
> Langage autour de trois ans : il ne dit aucun mot, imite quelques cris d'animaux ainsi que des intonations (la forme mélodique d'un mot, une intonation interrogative). La compréhension est normale.
>
> Six mois après le premier bilan (trois ans et quatre mois), il dit « papa » et « maman » et il a un jargon dont il use dans des échanges de dialogue. Par exemple, en regardant un poster avec sa mère, il jubile, l'invite à mieux regarder, produit des « phrases intonées », c'est-à-dire des contours intonatifs, en forme d'exclamation, de question, en n'utilisant qu'une vague voyelle orale ou nasale (quelque chose comme « in in in in in ? »). Si l'on tient compte de son attitude, des gestes, de la mélodie, on peut imaginer qu'il veut dire : « Regarde maman ! C'est formidable ! Qu'est-ce que c'est ? Tu vois là ? »… C'est du moins ce qu'il dirait sans doute s'il parlait.

Deux points peuvent être précisés d'emblée :

- le bilan de langage est très limité : on a vite fait le tour de ce qu'il dit et comprend. Dès le début un bilan global « autour du langage » montre que l'audition est normale, qu'il n'existe pas de trouble neurologique. Ce garçon est intelligent et a un comportement normal. Il y a un soupçon d'hérédité évident (son père s'exprime avec beaucoup de difficultés, fait état de problèmes qui l'ont mis en échec à l'école, mais rien ne laisse penser que ses difficultés étaient aussi importantes que celles de l'enfant) ainsi qu'une certaine maladresse motrice. Aucune explication ne peut être retenue à l'origine de ces troubles vraiment majeurs ;
- comment aurait évolué le langage de Romain spontanément, si l'on ne s'était pas occupé de lui ? On touche là une question clé concernant l'appréciation des résultats toutes les fois que l'on entreprend une intervention, de quelqu'ordre que ce soit, avec de jeunes enfants. Il est contraire au bon sens de laisser évoluer sans l'aider un enfant dont on est persuadé qu'il présente un handicap connu qui risque d'entraîner des séquelles préjudiciables. On entreprend donc chaque fois ce qui est susceptible de l'aider, sachant qu'au bout du compte il sera impossible de départager les progrès qu'il aurait fait tout seul et ceux que nous avons favorisés. Il est moralement impensable de constituer comme dans les recherches scientifiques deux groupes qui permettraient de comparer les résultats, par exemple enfants qui seraient aidés par tel type d'intervention ou par tel autre, ou encore groupe témoin d'enfants qui ne bénéficieraient d'aucune aide. Il convient donc d'être modeste dans l'appréciation de notre efficacité.
Ayant été vu tôt, Romain a pu être suivi dès le début, de différentes façons, suivant l'âge et les problèmes qui dominaient : activités, jeu et langage (avec deux orthophonistes, homme et femme), orthophonie seule ou accompagnée de psychomotricité, séances avec sa mère et une orthophoniste, puis, en grandissant, orthophonie individuelle. Les différents intervenants ont toujours œuvré en collaboration avec l'école, c'est-à-dire en rencontrant régulièrement la maîtresse, en expliquant les difficultés de Romain ; un vrai dialogue s'ins-

taurait, qui a permis chaque année de réagir le mieux possible pour favoriser ses progrès et son adaptation.

Nous allons préciser quelques jalons dans l'évolution de son langage. Pendant tout ce temps, Romain est bavard, il s'exprime dans son jargon intoné et communique avec ses proches. Il se montre à l'aise en orthophonie, coopère en s'appliquant beaucoup et de temps en temps s'oppose, se décourage... ce que l'on comprend bien.

À quatre ans, en jouant à faire des bruits de bouche et à partir d'onomatopées (« brbr », « boum ! »), il arrive à produire « *b* » et glisse vers un vague « bébé » (il a eu un petit frère récemment). Un peu plus tard, dans le dynamisme du jeu, il imite vaguement le « taga, taga, hop là ! » du cheval qui saute par dessus la barrière. Il s'agit toujours de voyelles + intonation.

À cinq ans, lorsqu'il entre en grande section de maternelle, il commence à produire des redoublements syllabiques (rappel : fin de la première année lorsque le langage est normal), il ébauche notamment quelque chose qui ressemble à « pipi ».

Le point, à cinq ans, pour cet enfant qui continue à se montrer intelligent et actif : il n'est pas question de phrases, ni de grammaire, ni de vocabulaire. Il ne fait qu'ébaucher des mots bisyllabiques et ne prononce qu'un très petit nombre de phonèmes. On peut dire, bien que cela n'ait guère de sens, qu'en production de langage il a quatre ans de retard. Inutile d'être spécialiste pour saisir l'importance du problème.

Voici quelques thèmes qui peuvent aider à percevoir de tels troubles, puis nous parlerons de l'évolution.

1. Les *troubles réactionnels*. Personne ne reste indifférent devant une telle absence de parole, ni l'entourage, ni l'enfant lui-même. Les parents de Romain ont toujours bien compris ses troubles. Son père retrouvait un peu en lui les difficultés qu'il avait connues et qui – à l'en croire – ne l'avaient pas empêché de s'en sortir dans la vie. Moins optimiste, sa mère mesurait non sans anxiété à quel point de telles difficultés sont difficilement conciliables avec les exigences scolaires d'aujourd'hui. Cependant, tout au long des années difficiles, ils n'ont jamais douté de leur fils, ne l'ont jamais critiqué ou découragé, s'efforçant de le faire participer à la vie de façon normale. Leur attitude a été un soutien exceptionnel, trop de parents (souvent bien plus instruits, n'acceptant pour leurs enfants que d'ambitieuses réussites) aggravent les difficultés de l'enfant par des exigences impossibles ou par le poids de leur déception.

Au début de sa vie scolaire, Romain a mis un certain temps à trouver sa place au milieu des autres. Ne pouvant s'exprimer comme eux, il faisait des grimaces, il « faisait le singe », aux dires des parents. Les autres s'amusaient de ses pitreries et se moquaient de lui. Il se retrouvait souvent seul en récréation. Par la suite son intégration n'a pas posé de problème, mais on voit aisément comment ces manifestations initiales auraient pu être interprétées comme des troubles du comportement, même une tendance à s'isoler.

Par la suite, dans les moments de tension ou de fatigue, se manifestaient des comportements « à l'emporte-pièce » : l'enfant agit alors de façon brusque, sans nuances. Par exemple, il fonce au milieu du jeu des autres et crie ce qu'il a à dire, que personne ne peut comprendre, ou bien, après être resté longtemps seul dans son coin, il débarque au milieu d'un jeu de billes qu'il piétine avec rage.

2. Aptitudes intellectuelles. Les bilans psychologiques pratiqués à quatre ans, puis à cinq ans, montrent une bonne intelligence pratique (QI = 113 à l'échelle performance de l'épreuve de Wechsler pour la période préscolaire et primaire). Il est évidemment alors impossible d'utiliser l'échelle verbale de cette épreuve. Il fait montre d'un esprit curieux, intéressé, il a tendance à aller vite, à passer à la suite. Une certaine impatience qui entraîne des réponses hâtives, un peu bâclées.

3. Objectivement, *que proposer* ? On ne peut détailler ici les différentes périodes de l'aide apportée. Toute une part consistait à soutenir, approuver, remettre d'aplomb ce que pouvaient faire les parents de leur côté. Ce qui concerne plus précisément le langage peut se résumer ainsi :

- il n'est jamais possible ni souhaitable de forcer à parler ou de « faire » parler un enfant dont on s'occupe à trois ou quatre ans ;
- cependant, par l'intermédiaire d'activités de jeux (jouer au garage, à la ferme, avec des personnages, des marionnettes), ou d'activités d'apparence plus studieuse, c'est-à-dire s'appuyant sur images, livres, dessins, histoires, c'est bien la construction du langage qui est l'objectif central.

Créant, dès le début, des situations dans lesquelles l'enfant soit engagé complètement, jouant, bougeant ou commentant l'action, il est amené naturellement à imiter nos intonations, nos onomatopées, les cris d'animaux, les bruitages. Un jour : les mots. Créant et partageant des situations de dialogue, même si la part de chaque interlocuteur est très inégale.

De trois à quatre ans, on s'efforce d'entraîner l'enfant dans les productions spontanées plutôt que de lui imposer quoi que ce soit. Il ne peut ni répéter, ni nommer… que pourrait-on bien lui imposer ? On sait qu'une demande est inutile si l'on n'estime pas que l'enfant est à peu près capable d'y répondre. On peut par contre lui demander de « montrer », sur lui-même, sur des images ou sur des livres. Montrer tel objet, tel animal, ou montrer qui fait telle action (les verbes de base : marcher, manger, dormir, etc.). Mais le jeu des questions est vite limité avec des enfants qui n'ont pas de troubles de compréhension. Il est totalement inutile de redemander trente-six fois « montre-moi le chat », « la pomme » ou « le garçon qui court ». Il est vite évident que l'enfant connaît ces mots : à quoi bon les redemander ? Ce jeu de questions est en partie moyen d'apprentissage (notamment avec d'autres enfants qui ont besoin d'entendre répéter un grand nombre de fois avant d'intégrer vraiment un mot), en partie moyen de vérifier si le mot est connu et alors on ne doit y avoir recours que de façon brève.

Tout est bon pour constituer son lexique. Les mots qu'on espère lui voir acquérir, même s'il ne peut pas encore les dire, il va les savoir « dans sa tête », prêt à les utiliser lorsqu'il le pourra. Un lexique qui soit construit, l'enfant pouvant très bien saisir, avant de parler, des catégories, des oppositions qui feront le début de sa grammaire, les notions de genre, de nombre, les temps verbaux, etc.

4. Dès qu'on sent l'enfant *capable* et même *désireux* d'y participer on va introduire des *tâches précises*. Cela parfois après une année entière d'apparence non directive. Des activités vocales (productions variées, modulées, jeux vocaux). Des répétitions qui bien souvent au début ne donneront aucun résultat. On n'y consacre qu'un moment bref, en expliquant à l'enfant qu'il ne peut pas réussir à répéter cette syllabe ou ce mot tout de suite, mais qu'il peut faire fonctionner ses muscles, sa langue, ses lèvres et qu'en s'entraînant il arrivera à prononcer de vrais mots que tout le monde comprendra.

On aborde rarement tout de suite le vrai travail qu'il faudra à peu près toujours réaliser pour franchir ces obstacles majeurs :

- construire le système phonétique,
- répéter, puis produire, des mots de plus d'une, puis de plus de deux syllabes,
- et enfin combiner les deux, c'est-à-dire produire des mots de plus de deux syllabes en articulant chaque phonème à sa place et correctement ;
- comme avec un enfant qui commence à parler, il faut décoder des productions simplifiées et déformées, s'efforcer de comprendre, de reprendre en donnant un sens, de redire correctement. Il n'empêche que, pour bien des enfants, et c'était le cas pour Romain, les productions sont si lacunaires qu'on ne les comprend pas. Pour lui la question s'est posée, vers quatre ans, d'utiliser un langage gestuel qui lui permette de mieux se faire comprendre. L'évolution a rendu ce projet inutile mais l'indication de *langage gestuel* reste valable dans les cas de progrès plus lents.

Nous retrouverons Romain à la fin de ce chapitre des dysphasies, en parlant de l'évolution et du devenir de ces enfants. Pour l'instant un autre exemple aidera à voir la diversité de ces syndromes.

Pour Isabelle les troubles sont apparemment moins sévères. Leur présentation permet de saisir d'autres aspects des dysphasies.

Dernière de trois enfants, Isabelle est très bien douée, aussi normale que possible, dans un milieu familial attentif et très vivant. Elle participe à toutes les activités, stimulée par les deux aînés, qui sont des enfants brillants.
Le développement du langage : les premiers mots apparaissent tard : papa, maman, tata, dodo.
Vers dix-huit mois, les parents remarquent qu'elle n'a aucune acquisition de langage *nouvelle* alors qu'elle se fait très bien comprendre par des gestes, des mimiques et des intonations.
À trois ans, elle ne dit que quelques mots ; à trois ans et demi, de rares assemblages de deux mots, difficiles à décoder, car imprécis avec un répertoire phonétique limité.
C'est alors que la mise à l'école est le révélateur : personne ne la comprend, elle perd son bel équilibre. Une orthophoniste commence à s'en occuper et constate six mois plus tard qu'il n'y a aucun progrès.
Nous trouvons là deux facteurs déjà évoqués : l'importance du retard (retard relatif mais tout de même net chez une enfant très douée et active, dans ce milieu, avec des aînés précoces) et l'absence de progrès à l'âge qui est celui de l'évolution rapide du langage.

C'est alors que je fais la connaissance d'Isabelle, à quatre ans. En bien des points, son retard est patent :

- elle ne dit pas « je » mais son prénom ou « moi Isabelle », ce qui contraste avec son autonomie, son aplomb ;
- elle ne conjugue pas et dispose d'une forme simplifiée unique pour un verbe. Elle dit par exemple, lorsqu'elle est invitée à compléter des phrases : « le lait est à... » « *bu* » (pour : boire), et chez elle, lorsqu'elle demande à boire, c'est toujours : *bu* ; ou encore : « le pantalon, c'est pour... » « *mi* » (pour : mettre) ;
- marque de négation simplifiée et rarement en bonne place. Elle se contente d'ajouter : « pas » ;
- absence de pronoms, d'articles, de prépositions. Ses courtes phrases sont des juxtapositions de mots ;
- troubles de la parole qui rendent la plupart des énoncés indécodables ;
- très intuitive et attentive, elle semble tout comprendre, mais le bilan pratiqué à quatre ans rend manifeste un problème

perceptif auditif qui affecte tout le monde sonore et pas uniquement la parole. Elle confond tout, par exemple, dans un jeu de reconnaissance de bruits familiers, un loto sonore, elle confond oiseau-vache, aspirateur-chien, etc ;

– elle bavarde abondamment dans un jargon indécodable mais, devant une consigne précise, elle contrôle ce qu'elle dit avec une économie absolue, au point de répondre par mots isolés, parfois par monosyllabes. Elle est alors inhibée au point de ne pas trouver le mot que cependant elle connaît ou d'avoir besoin que l'interlocuteur ébauche le début de la réponse.

Tout est normal par ailleurs, notamment l'audition.

La reprise de la rééducation orthophonique, après quatre ans, de façon plus libre permet de l'aider au mieux. Cette aide se trouve en quelque sorte renforcée par le comportement de l'enfant qui, très obstinée et désireuse de bien faire, sans qu'on le lui ait demandé, s'entraîne souvent le soir, toute seule, à voix basse, à bien prononcer.

Il ne s'agit pas réellement de « tout » construire comme avec Romain, mais de reprendre de nombreuses fausses routes (la fixation des formes verbales simplifiées par exemple) ou des déficits que l'enfant masquait par sa vivacité et par son application (les difficultés auditivo-perceptives, les difficultés à percevoir l'ordre de succession des lettres ou des syllabes dans le mot).

Certains vont trouver injustifié de parler ici de dysphasie. On peut dire qu'il s'agit d'une dysphasie relative ou partielle, en tous cas moins globale que d'autres. En lisant ces exemples on pensera sans doute que bien des enfants de cinq ans ne sont pas plus avancés dans le langage. Si l'on tient compte des capacités globales de l'enfant, du dynamisme qu'elle mit à progresser, il est certain qu'il y a un dysfonctionnement relatif dans certaines tâches contribuant à la construction du langage. Sans aide cette enfant était en échec au début de sa scolarité, car à cinq ans elle avait encore besoin d'exercices rythmiques de succession de syllabes. Il fallut encore longtemps un entraînement méthodique pour éviter la confusion des phonèmes sensibles. Et plus tard encore, lorsqu'elle avait beaucoup à raconter et ne se surveillait pas, elle ne produisait qu'une bouillie verbale dans laquelle personne ne pouvait s'accrocher au moindre repère.

Multiplier les exemples ne ferait qu'illustrer mieux que les dysphasies sont multiples : sévères, moyennes ou légères, elles peuvent affecter l'ensemble des processus en cause dans le langage ou se limiter à certains d'entre eux. Les enfants dont les troubles ont été cités se trouvent l'un et l'autre favorisés à bien des égards. Ils ont eu la chance d'être aidés aussi tôt que possible, de façon adaptée, aussi prolongée qu'il l'a fallu. La chance surtout d'être bien doués, sans problème organique ou psychopathologique particulier, soutenus par un environnement familial et scolaire entièrement positif. Il est facile de prendre point par point ces éléments qui ont joué positivement dans l'histoire de ces deux enfants et d'imaginer les autres scénarios possibles. Il est tout à fait habituel qu'un ou plusieurs de ces facteurs soit moins positif, voire tout à fait négatif. Il arrive que l'enfant soit peu doué, peu sociable, moins désireux de communiquer, que les parents soient moins compréhensifs, moins disponibles, si ce n'est maladroits ou rejetants... Les répercussions des troubles du langage peuvent alors présenter de nombreuses variantes.

Troubles psycho-linguistiques habituels

Nous avons présenté les acquisitions de langage de ces deux enfants en termes descriptifs. Lorsqu'on essaie de comprendre leurs difficultés, il apparaît que ces marques de surface sont sous-tendues par certains dysfonctionnements. Nous percevons ceux-ci à travers les tâtonnements et les « fautes » qui émaillent les productions de l'enfant. Ils sont apparentés à plusieurs types de problèmes.

Problèmes de mémoire

Autant la notion de mémoire à court ou moyen terme est facile à saisir chez l'enfant, autant celle de mémoire à long terme ou de capacités mnésiques propres échappe. Les parents sont parfois fiers de vanter la bonne mémoire de l'enfant qui, très jeune, étonne tout son monde en reconnaissant des lieux, des itinéraires, la voiture d'un ami ou en évoquant un incident survenu il y a des semaines dont personne n'a gardé le souvenir. Les capacités mnésiques sont parfois brouillées cependant par l'instabilité, l'agitation. Certains enfants ne se fixent sur rien, ne « retiennent » rien.

Le langage se trouve pris dans ce jeu de la mémoire. Certains facteurs sont fréquemment repérables dans les problèmes de langage :

– *l'attention à éclipse* explique que les productions de l'enfant soient très irrégulières. Il saisit un mot, quelques mots, un morceau d'énoncé, ou bien il s'efforce d'être attentif, mais son effort est discontinu et laisse échapper une partie du discours. Il fixe par exemple le début des mots, les finales n'étant pas saisies ou pas reproduites alors qu'elles sont précisément porteuses d'informations essentielles comme les marques morphologiques grammaticales (terminaisons des verbes, marques du genre, etc.). D'autres enfants semblent oublier au fur et à mesure ce qu'ils entendent et, lorsqu'on leur demande de redire une phrase ou une histoire, le début est totalement gommé et ils ne restituent que quelques éléments situés à l'ultime fin ;
– *l'empan mémoriel limité*. Il est connu qu'un enfant peut répéter des phrases calibrées, de structure adaptée, comportant un nombre de syllabes de plus en plus élevé (cette épreuve se retrouve dans les épreuves verbales de plusieurs tests intellectuels). Les enfants dysphasiques sont totalement incapables de répéter une phrase. Répéter des mots familiers de trois syllabes est voué d'avance à l'échec, même si la répétition isolée de chacune de ces syllabes est possible. À cinq ans, six ans et même au-delà, au cours de la rééducation de Romain, on devait s'aider de tout un support rythmique et gestuel pour articuler des mots aussi simples et familiers que « pantalon ». Il fallait accompagner chaque syllabe d'une frappe de sa main dans la main de l'orthophoniste, en marquant bien le geste rythmé commun, en scandant les syllabes : pan/ta/lon. Mais, après de nombreuses répétitions, si on laissait de côté le geste, c'était de nouveau « palon » ou « alon » ;

– *la lenteur de mémorisation*. Un jeune enfant qui produit un nouveau mot a déjà entendu ce mot un très grand nombre de fois, car ce sont toujours les mêmes mots usuels qui reviennent dans le discours de la vie quotidienne. Il arrive que l'on puisse repérer un nouveau mot que l'enfant n'a pas eu l'occasion d'entendre beaucoup. On s'étonne alors qu'il l'ait « appris » aussi rapidement. Pour les enfants dysphasiques (comme pour les enfants sourds le plus souvent), tout est acquis lentement. On ne peut compter combien de fois l'enfant a entendu tel mot ou telle formule avant de les connaître. En cours de rééducation il faut énormément répéter, présenter le mot dans un contexte adapté et dans différents contextes, un très grand nombre de fois.
Souvent même les acquisitions sont instables. Pour un enfant qui parle normalement, un nouveau mot est acquis de façon irréversible ; il le sait définitivement sauf dans le cas de mots rares que l'on utilise peu. Il arrive qu'un enfant dysphasique dise un mot nouveau, puis ne l'utilise plus. Tout est à recommencer. Comme si la mémoire ne fixait pas de façon durable ;
– *les difficultés dans les tâches séquentielles* sont assez proches des problèmes de mémoire. Dans de nombreuses activités humaines, le langage notamment, interfèrent deux types de tâches. L'une porte sur des unités (les sons, les mots) qu'il s'agit d'identifier et de retenir. L'autre porte sur la combinatoire : ces unités s'organisent en suivant certaines règles, en respectant un ordre convenu.

Lorsqu'il s'agit de langage, la neurophysiologie montre que le traitement des unités peut être effectué par les deux hémisphères cérébraux (reconnaître les phonèmes, apprendre, utiliser des mots, nommer) alors que seul l'hémisphère gauche est spécialisé dans le traitement séquentiel des unités. Les difficultés de certains enfants dysphasiques semblent bien relever d'un dysfonctionnement de ce type : cette possibilité de l'hémisphère gauche fonctionnerait moins bien. Le niveau lexical est meilleur que le niveau syntaxique. Il arrive que cette difficulté à traiter des séries ne se limite pas au langage mais apparaisse aussi dans l'exécution de tâches gestuelles, rythmiques ou pour mémoriser et reproduire des séquences. Nous savons bien que nous ne possédons pas tous les mêmes aptitudes dans des tâches séquentielles : essayez de répéter une succession de six ou huit chiffres. Certains réussissent aisément, d'autres tournent la difficulté en usant de facilitations. Nous y avons tous recours pour retenir les nombreux codes chiffrés que nous impose la technologie d'aujourd'hui. (Combien avons-nous de « codes » à mémoriser ! Cartes bancaires, cartes téléphoniques, accès à des données.) Comment faisons-nous pour ne pas les oublier ? Nous arrive-t-il d'avoir un trou au moment de composer notre code ? Il est bien plus facile de retenir 18 06 1940 – une série qui a un sens – que 18061940.

Il arrive que toutes ces tâches séquentielles mettent en difficulté un enfant dysphasique ou que seules les tâches linguistiques soient affectées.

La saisie forme-fond

Pour nous qui avons appris à analyser la langue, il est évident qu'elle est faite d'éléments stables (les phonèmes, la forme et le sens des mots, etc.) et d'éléments variables (l'ordre des mots, leur agencement, les terminaisons, etc.). Au début de l'acquisition l'enfant perçoit sans doute un très petit nombre de formes stables qui émergent d'un fond vague n'offrant guère de repères. Nous nous trouvons à peu près devant la même répartition forme stable-fond vague lorsque nous écoutons un message dans une langue que nous connaissons un peu sans y être vraiment à l'aise : à l'aéroport, nous mobilisons toute notre attention pour saisir le message en anglais que diffuse le haut-parleur et cependant nous ne saisissons que quelques mots, il s'agit de retard et d'heure, mais nous sommes incapable de comprendre à quelle heure nous allons décoller, c'est-à-dire le sens précis de l'annonce. Cette expérience gênante nous rend proche de l'enfant dysphasique.

À mesure qu'il progresse normalement, l'enfant repère de plus en plus de formes précises et le rapport se modifie jusqu'à ce que le fond n'ait à peu près plus de flou.

Construire sa langue implique que l'enfant repère ce qui est fixe et ce qui est mobile, qu'il saisisse les règles qui permettent de généraliser les emplois mobiles. Il repère par exemple que *è* ouvert à la fin d'un verbe cela situe l'action dans le passé et il généralise l'usage de cette règle : je chant*ais*, il march*ait*, etc.

Nous appelons « bonnes fautes » les généralisations abusives que l'enfant forme naturellement tant qu'il n'a pas saisi les limites de généralisation de cette règle, lorsqu'il produit : je *suitais*, il *viendait*.

L'enfant dysphasique n'est pas à l'aise du tout ou échoue complètement dans ces jeux : « forme stable-forme mobile », dans les tâches de généralisation ou dans la recherche des limites de la généralisation.

Chez lui instabilité et fixation fonctionnent différemment. On dirait parfois qu'ils fonctionnent à l'envers. La forme de mots courants reste pour lui longtemps instable, imprécise. Voilà qui évoque des difficultés auxquelles nous nous heurtons lorsque nous devons prononcer certains noms peu familiers, surtout des mots de structure inhabituelle, certains noms propres (combien de temps avez-vous mis pour prononcer définitivement correctement le nom de Rorschach ? !) ou des noms techniques (la transformation d'« infarctus » en « infractus » n'est pas limitée aux locuteurs incultes !). Un enfant qui parle bien sait irréversiblement la forme du mot qu'il vient d'acquérir, alors qu'un dysphasique a des acquisitions floues, produit des formes approchées, en percevant ou non qu'il se trompe :

> Une petite fille me raconte ses vacances :
> — L'est allé a caval, a cava...
> Elle s'applique, cherche la bonne forme, qu'elle connaît. Elle sait de quoi elle parle et ce qu'elle cherche. Voyant son embarras, j'essaie de lui venir en aide :
> — En caravane ?
> — Oui, l'allé cl, ca, cal, carava.

À côté de ces formes imprécises, l'enfant enregistre des formes figées, des amalgames qu'il utilise comme des entités fixes. Par exemple :

> — Lablié (= un pronom + a oublié).

— C'est çui-ci qui.
— C'est ça qu'on dit.

Ces fixations sont difficiles à délier. Disposant d'un tout petit bagage linguistique, l'enfant a tendance à redire les quelques formes qu'il possède, comme des stéréotypes. Entre ces fixations et le flou dans lequel sont mémorisées les formes les plus courantes, l'enfant ne dispose d'aucune mobilité linguistique. Il arrive parfois à exprimer à peu près ce qu'il veut mais non à construire sa langue par ses propres moyens.

Les troubles auditivo-perceptifs

Nous avons évoqué les difficultés auditivo-perceptives d'Isabelle. Comme elle, bien des enfants n'ont pas de troubles de l'audition mais des difficultés à distinguer, à apprécier les différentes caractéristiques et qualités du discours entendu. Difficultés qui peuvent se limiter au domaine du langage ou affecter tout l'univers sonore (comme Isabelle qui n'identifie pas ou confond les bruits familiers). Elles prennent parfois l'allure d'une indifférence au monde sonore.

On ne peut pas imaginer ce que perçoit bien ou mal chaque enfant. Il est bien probable que l'indifférence au monde sonore, l'imprécision des formes perçues ne fournissent pas à l'enfant des repères nets, précis et qu'elles se prêtent mal à une organisation ; aussi ces formes sont-elles moins bien retenues que des formes précises, « intéressantes ».

Il existe souvent une relation entre troubles perceptifs et production de la parole. Rien d'étonnant à cela : on ne voit pas comment l'enfant pourrait réaliser les schémas moteurs permettant l'articulation alors qu'il saisit mal les modèles qu'il doit réaliser. Lorsque tout va bien, cette boucle d'association perception-production va de soi ; il se constitue des liens associatifs fixes entre la forme perçue et celle qui est produite. Mais en cas de trouble perceptif, tout le fonctionnement est chaviré. L'enfant perçoit ou non que ce qu'il prononce ne ressemble pas à la forme attendue. Lorsqu'il essaie de se reprendre, il tâtonne et souvent perd le fil au point d'interrompre l'énoncé.

Dans le cas où un adulte essaie de l'aider en lui disant correctement la forme qu'il vient d'estropier, ce *feed-back* correcteur est rarement répété par l'enfant et de façon générale se montre peu efficace. Les schémas d'aide auxquels on a recours avec des enfants dont le langage s'organise bien ou qui ont un simple retard sont ici à peu près toujours en défaut.

Il faut ajouter que perception et production ne sont pas toujours liées dans cette sorte de cercle vicieux. Il arrive que le dysfonctionnement affecte surtout le versant production sans que les perceptions soient en cause. Il ne s'agit pas de troubles plus anodins ; certains ont même parfois une évolution très lente qui entrave lourdement l'expression. Ils s'apparentent aux troubles praxiques : l'incapacité de réaliser l'enchaînement de gestes moteurs faisant un tout ou de suivre le schéma d'une séquence motrice complexe. (Dans d'autres domaines l'enfant apprend à maîtriser des séquences motrices de toute sorte : se laver les mains, enfiler une veste, coucher et border sa poupée, etc.)

La rapidité du débit

Ce qui est en cause ici n'est pas le débit de l'enfant mais celui du discours qu'il reçoit. Certaines personnes parlent très vite, en escamotant quelques syllabes par-ci par-là ; le fait d'être entourés d'adultes tachyphémiques ne semble pas réellement affecter les enfants qui construisent leur langage normalement. Ils perçoivent suffisamment d'informations pour tirer de ce discours hâtif les modèles essentiels. Il n'en est évidemment pas de même pour tous. Un débit hâtif, surtout si l'articulation est imprécise, peut gêner l'intelligibilité au point de brouiller la compréhension. Nous en avons tous fait l'expérience dans des situations de dialogue avec un étranger dont nous ne possédons pas très bien la langue : nous devons lui demander de répéter plus lentement ; nous sommes alors à moitié sauvés, trouvant des repères suffisants pour saisir l'essentiel.

Parler vite – à plus forte raison parler trop vite – à un enfant qui n'est pas à l'aise dans le langage revient à le submerger d'informations qu'il est incapable de traiter à ce rythme. Cette incapacité à traiter vite est la même chez les enfants dysphasiques et chez les adultes aphasiques qui, pour certains, conservent une certaine compréhension : le flot de discours à débit normal ou rapide est incompréhensible alors que si on leur parle lentement ils ne sont plus débordés et ont le temps de repérer les formes verbales et de saisir les informations essentielles.

Les troubles d'évocation

Ce que l'on appelle aussi « le manque du mot » est fréquent chez les dysphasiques, comme il l'est chez les adultes aphasiques en cours de rééducation. Il nous est arrivé à tous d'être subitement en panne en ayant le mot « sur le bout de la langue ». Ces lacunes sont rares chez les locuteurs courants en dehors de moments de fatigue, d'émotion ou de distraction ; ce mot qui nous manque est souvent un nom propre ou un mot peu courant. Chez les dysphasiques ces « trous » sont bien plus fréquents. Ils affectent les mots les plus courants et entretiennent une gêne majeure :

> Un garçon de dix ans n'arrive pas à compléter cette phrase simple dont il sait évidemment la réponse. Je lui propose de compléter :
> — Un cube est carré, un ballon est...
> — Tom ça ! (Un geste circulaire du bras montre bien la forme : comme ça.)
> — Oui, c'est comme ça, alors on dit, un ballon est...
> — Co, comme, comme une bille.
> — Oui, on dit le ballon, la bille, est...
> (De nouveau le geste descriptif.)
> — C'est... (intonation suspendue qui l'invite à poursuivre, j'ébauche un mouvement de la bouche pour qu'il l'imite).
> (Muet.)
> — C'est RRRR...
> — (R)ond !

Au cours de ce bref échange ont été mis en œuvre tous les moyens de facilitation dont on use pour favoriser l'évocation du mot manquant : association d'idées, geste descriptif, insistance, ébauche du mouvement articulatoire et finalement production de la première lettre. On appréciera du reste le gag : le « *R* » lui a permis de trouver le mot mais l'enfant ne prononce même pas cette lettre initiale lorsqu'il peut enfin dire : *rond* ! Conscient qu'il n'est jamais à l'abri de ces trous, l'enfant accumule des omissions, des approximations, ou jongle avec : « truc », « machin », « chose », pour masquer la difficulté qui le bloque. Le trouble d'évocation contribue à entretenir le flou du discours.

Comment expliquer les dysphasies ?

Les particularités que nous venons de voir aident à comprendre de quoi il s'agit. Elles permettent de saisir certains mécanismes et d'entrevoir comment on peut aider l'enfant mais n'expliquent pas totalement les dysphasies. Suivant les dysfonctionnements propres de chacun, il est évident que l'on ne va pas s'y prendre de la même façon selon que prédominent des troubles perceptifs, des difficultés mémorielles ou d'autres.

Peut-on avancer un peu plus dans l'explication des dysphasies ? Ne manquent pas les études qui semblent s'appuyer sur des certitudes et disent comment interpréter les dysphasies ; ce type d'interprétation oscille entre deux pôles extrêmes.

L'orientation la plus récente donne la priorité à l'origine organique, cherchant à objectiver, grâce aux moyens d'investigation qu'offrent les techniques d'imagerie cérébrale, quels territoires de l'encéphale peuvent être responsables de tel ou tel trouble. Plus anciennes et toujours tenaces sont les approches pour lesquelles n'existe que la dimension psychopathologique[1].

Chacune de ces positions a à la fois tort et raison ; son tort est de ne voir qu'un versant de la question. L'approche psy-

---

1. Par exemple : Christe R., Christe-Luterbacher M.-M., Luquet P., *La Parole troublée*, Paris, PUF, 1987, Les auteurs proposent une « psycholinguistique psychanalytique ».

chopathologique a longtemps (aujourd'hui encore bien souvent) totalement négligé le langage en soi, la description des troubles, leur aspect linguistique ainsi que les troubles de fond qui les sous-tendent. L'orientation organique peut faire croire que tous les troubles de langage sont liés à un problème organique ; en calquant séméiologie et classement sur la pathologie de l'adulte aphasique, elle introduit des distinctions qui ne cadrent pas avec la réalité clinique. Voilà pour les « torts ». Mais des « raisons » existent aussi de part et d'autre : le langage est toujours inscrit dans des voies et des centres nerveux ; il engage toujours tout le psychisme de chacun.

Face à ces extrémismes, il faut reconnaître que l'on ne peut proposer que des positions timides, voire des doutes. On ne connaît pas de cause simple à ces dysfonctionnements. Ils entrent bien dans le cadre d'une certaine dysharmonie de la personnalité ou de la façon de penser. Ils ne sont parfois qu'un aspect d'une dysharmonie plus globale. Mais à travers les histoires des deux enfants que nous avons présentées, on est tenté d'avancer que, lorsque le problème est abordé suffisamment tôt dans la vie de l'enfant pour accompagner son évolution et éviter les retombées négatives du handicap verbal, le caractère « dys » du syndrome n'est pas toujours une fatalité.

Il va de soi que chaque enfant dysphasique n'est pas gêné en tous ces points, que constater occasionnellement l'un de ces points faibles ne doit pas faire conclure qu'un enfant est dysphasique. Il nous arrive à tous de connaître, dans des circonstances rares et à toute petite échelle, des phénomènes du même ordre (les « trous », les difficultés de compréhension d'un débit rapide, etc.) ; les dysfonctionnements ponctuels que nous avons décrits seraient simplement d'une autre dimension chez les dysphasiques, comme s'il existait un continuum entre l'expérience désagréable que nous connaissons exceptionnellement et sa fréquence, voire sa systématicité, chez l'enfant dysphasique.

Ajoutons que les premières descriptions de ce syndrome signalaient déjà que les dysphasies sont rarement isolées. De Ajurriaguerra (1963) relevait dans le groupe d'enfants qu'il étudiait :

– 55 % de troubles moteurs,
– 25 % d'enfants mal latéralisés et le restant deux ans plus tard,
– 85 % de difficultés visuo-spatiales (schéma-corporel, orientation dans l'espace, reproduction graphique),
– 50 % de troubles du rythme,
– des troubles auditivo-perceptifs chez presque tous.

Des réalités que nous reconnaissons encore aujourd'hui. Nous connaissons certes bien mieux les problèmes de ces enfants actuellement, notamment certains des mécanismes cités ci-dessus, mais les causes exactes continuent de nous échapper.

Évolution des enfants dysphasiques

Chacun peut avoir l'intuition de la diversité d'évolution. Les troubles sont sévères ou non, sous-tendus par des dysfonctionnements plus ou moins figés. Capacités intellectuelles, dynamisme propre, comportement de la famille, moment du diagnostic, possibilité d'aide... tous ces éléments vont peser sur le devenir de l'enfant.

Ainsi, pour Romain et Isabelle, nous avons insisté sur tout l'ensemble de facteurs favorables qui avait permis d'accompagner leur évolution depuis l'âge de trois ans. L'un et l'autre avaient un langage très limité à cinq ans, particulièrement Romain, qui commençait tout juste à produire des mots de deux syllabes. Tous deux avaient une folle envie de progresser et, compte tenu de tous les facteurs réunis, il fut décidé de faire démarrer dès cinq ans l'apprentissage de l'écrit. Cette décision n'est possible bien sûr que lorsque tous ceux qui interviennent auprès de l'enfant sont d'accord (à commencer par l'enfant lui-même évidemment). Elle bouscule complètement les idées admises. Certaines aptitudes sont en effet requises pour que l'enfant puisse aborder la lecture, ce que l'on a appelé les « pré-requis » : graphisme, orientation spatiale, langage, système phonétique... Ces deux enfants nous semblaient aptes à aborder la lecture sans posséder ces pré-requis. On est amené à prendre la même orientation pour certains enfants sourds. L'écrit présente l'énorme avantage d'introduire un autre support. Les formes écrites fournissent des repères différents, introduisent des informations, des précisions qui ne passaient pas par voie auditive. Paradoxalement, les deux apprirent à lire un peu avant l'âge attendu et l'apprentissage de l'écrit joua un rôle très structurant, par la suite, dans la construction du langage. Allons au bout de l'évolution : Romain et Isabelle ont été scolarisés dans un établissement normal. Ils sont maintenant en fin de scolarité primaire avec un très bon niveau de réussite. Pendant plusieurs années la rééducation orthophonique s'est produite en collaboration étroite avec le travail fait en classe.

On ne peut laisser croire que ces évolutions soient possibles pour tous les enfants dysphasiques. Certains sont moins doués, moins entourés par leur famille. Toutes les fois que c'est possible, on s'efforce de maintenir ces enfants dans des classes normales, ce qui n'est pas sans poser de problèmes lorsque ces classes sont surchargées. Ce maintien est impossible dans les troubles les plus sévères ou lorsqu'un autre handicap s'associe à la dysphasie. À l'initiative de parents, de responsables médicaux travaillant en collaboration avec des pédagogues, quelques classes spécialisées pour enfants dysphasiques (enfants dysphasiques et aphasiques y sont pris en charge conjointement le plus souvent) fonctionnent dans quelques grandes villes.

À défaut de ces classes spécialisées, ceux des dysphasiques qui sont le moins favorisés ou qui progressent le moins poursuivent leur scolarité... comme ils peuvent, selon les ressources de leur ville : classes à petit effectif qui existent encore dans quelques écoles, ou parfois, après des années de relatif échec, classes de perfectionnement où ils ne sont guère à leur place.

Il est devenu rare de voir des enfants dysphasiques qui n'ont pas été pris en charge de façon personnelle. Ceux qui progressent le mieux sont les enfants dont les troubles ont été diagnostiqués tôt, ou très tôt (à trois ans), et qui ont pu être suivis en adaptant les modalités d'interventions au fur et à mesure qu'ils évoluaient (psychomotricité-orthophonie selon différentes formules ; psychothérapie dans certaines indications). Suivis de façon personnalisée (il n'y a pas de programme standard, il faut s'adapter aux problèmes propres de l'enfant), de façon précoce, intensive (deux ou trois fois par semaine à certains moments), et prolongée (avant et pendant la scolarité primaire dans bien des cas), en introduisant des coupures pour ne pas déborder les capacités d'attention et de coopération de l'enfant, qui a aussi besoin de vivre comme les autres, c'est-à-dire d'avoir le temps de jouer, de faire du foot ou de ne rien faire.

On ne peut que rappeler l'évolution fâcheuse d'autrefois ; le diagnostic étant plus tardif, le langage était bien plus figé dans des structures déviantes difficiles à délier ; n'intervenant qu'à sept ou huit ans on trouvait ces enfants en échec scolaire, n'ayant à peu près rien acquis. Certains évoluaient plus ou moins comme des débiles ou des caractériels.

Les quelques enfants pour lesquels est évoqué le diagnostic d'*audimutité* constituent la frange extrême des dysphasies. Ils n'ont à peu près pas de langage à cinq ou six ans et l'importance de leur déficit persiste, sans être franchement modifiée par la rééducation. Ces cas sont très rares ; pour certains, le handicap affecte surtout la production de langage, la compréhension étant à peu près correcte, alors que chez d'autres les troubles perceptifs semblent les plus déterminants.

Deux difficultés particulières

Deux thèmes sont intimement liés aux troubles du langage de l'enfant. Les enseignants les connaissent bien : le bégaiement et les difficultés du langage écrit.

Le bégaiement

Nous avons tous entendu des bègues, adultes ou enfants, qu'ils présentent des troubles discrets et passagers ou des difficultés sévères qui constituent parfois un véritable handicap social. Ces manifestations nous sont familières : la parole est gênée par la répétition de syllabes ou de mots, parfois par des arrêts, des blocages. On décrit deux formes de bégaiements. Dans la forme *clonique* prédominent des reprises, des répétitions involontaires, souvent incoercibles. Dans la forme *tonique* ce sont des arrêts inexplicables, également involontaires et incontrôlables, qui interrompent et hachent le fil du discours.

Manifestations cloniques et toniques sont souvent mêlées (le bégaiement est tonico-clonique), perturbant totalement le rythme de la parole. Elles se produisent en présence d'un interlocuteur, affectant la communication verbale interpersonnelle.

Le bégaiement constitue ainsi une gêne très variable :

- parfois simplement quelques reprises ou duplication de syllabes, le plus souvent la première syllabe du mot, comme si le bègue hésitait à se lancer ou prenait son élan pour prononcer celui-ci ;
- des bégaiements que le locuteur semble contrôler se manifestent par une certaine rigidité de l'intonation et du rythme, avec quelques pauses comme nous le faisons lorsque nous essayons de formuler clairement quelque chose de complexe ou de répondre à une question que nous ne connaissons pas bien ;
- au contraire, chez des bavards, le discours peut être abondant, confus, avec des phrases inachevées, des mots répétés : c'est le bègue tel qu'on le caricature ;
- plus déroutants sont les bègues dont l'inhibition se limite à quelques mots, parfois un seul, ou à certains phonèmes, parfois un seul (chez un adolescent : *papa* et *p*), entraînant des manœuvres d'évitement par le recours à des synonymes, des périphrases ou des approximations.

Les signes associés

Le bégaiement est à peu près toujours associé à des manifestations physiques ou psychiques qui peuvent être discrètes ou spectaculaires. Lorsqu'il parle, un bègue peut présenter :

- une hypertonie et des mouvements anormaux (gesticulation, gestes parasites), soit de tout le corps, soit de la face (crispations, grimaces), soit encore du cou, des mains. Toute une

gesticulation parasite dont le caractère incoercible évoque certains tics. Parfois un tremblement ;
– des troubles vaso-moteurs : il devient pâle, livide, lorsqu'il doit prendre la parole, couvert de sueur ou au contraire rouge, congestionné ;
– des troubles des mouvements respiratoires avec blocage en inspiration, des difficultés de synchronisation entre mouvements respiratoires et écoulement de la parole.

L'histoire du bégaiement

Il est rare que le bégaiement se manifeste d'emblée dès les débuts du langage (on parle alors de bégaiement primaire). Il survient plus souvent chez un enfant qui avait commencé à parler sans bégayer (bégaiement secondaire).

Il s'installe progressivement ou de façon brutale (l'entourage repère le jour et l'heure du début : en revenant de chez sa nourrice, lorsque ses parents sont partis en vacances...). Ces bégaiements sont généralement liés à un traumatisme émotionnel et les parents le rattachent d'eux-mêmes à un changement dans la vie de l'enfant : une situation d'insécurité ou de frustration : la mise à l'école, une naissance, un départ.

Ils apparaissent comme des épisodes transitoires et régressifs, traduisant une fragilité qui laisse toujours planer la crainte d'une rechute, même si elle ne survient qu'à l'adolescence. De plus, tous ne régressent pas, ce qui justifie alors souvent une demande de soins.

Les répercussions

Les répercussions du bégaiement dans la vie quotidienne sont très variables. En effet peu de bégaiements sont fixes. Il arrive que des parents conduisent un enfant à une consultation, décrivent son bégaiement ainsi que la gêne qui en résulte et, à la surprise de tous, lorsque vient son tour, l'enfant ne bégaie pas. Bien des bégaiements sont ainsi variables et influencés par de nombreux facteurs :

– certains sont déclenchés ou aggravés par la fatigue, par les émotions (certains enfants ne bégaient que lorsqu'ils sont interrogés en classe, et sont alors parfois incapables d'ouvrir la bouche) ; ils sont exacerbés par la colère, qui peut aussi jouer, à l'opposé, un rôle inhibiteur ;
– certains disparaissent au téléphone (il n'y a pas le face à face des situations directes), à peu près toujours dans le chant, en récitant un texte bien connu ou aussi dans la lecture à haute voix.

Les comportements réactionnels

Les comportements réactionnels sont aussi inconstants. Il n'est pas rare que des enfants jeunes, parfois même encore à dix ou douze ans, semblent tout à fait indifférents à leur bégaiement. Enfants dynamiques, bavards, qui ne ressentent aucune gêne devant leur interlocuteur et se moquent bien de l'impression qu'ils peuvent produire. Ils ne comprennent guère que l'on propose de les débarrasser de ce bégaiement qui ne les gêne pas. Ils surprennent leur entourage en faisant des projets d'avenir qui prennent le contre-pied de leur handicap : ils pensent sérieusement devenir acteur, présentateur de télé, avocat, grand reporter !

Il est bien plus fréquent que l'enfant ait une conscience douloureuse de ses troubles au point que la perspective de prendre la parole entraîne de vraies paniques, une inhibition totale parfois. Certains fuient toute situation qui risque de les exposer (plus tard, l'oral d'un examen est impossible). Le bégaiement ne laisse jamais indifférent l'entourage de l'enfant. Les réactions de moqueries émanent surtout des autres enfants ; il arrive que les adultes ne soient guère plus indulgents. On se moque des bègues comme des gens affectés de tics.

Les adultes adoptent plus souvent une attitude normative, partagés qu'ils sont entre l'idée qu'ils peuvent aider l'enfant à s'améliorer et celle que lui-même pourrait bien faire l'effort de se dominer. Ils s'ingénient à reprendre l'enfant, à l'encourager ou à le sommer de parler lentement, de redire correctement… attitudes qui ne font qu'accentuer, si ce n'est dramatiser, la gêne de l'enfant. Devant l'inefficacité de leur intervention, ils s'estiment souvent blessés, moqués, s'imaginent que l'enfant le fait exprès, qu'il continue à bégayer pour les ennuyer, qu'il s'obstine contre eux. Leur hostilité est renforcée par l'inquiétude qui aveugle toujours les parents : ils ont peur que l'enfant ne bégaie toute sa vie et que cela ne le conduise à l'échec.

Le contexte du bégaiement

La notion d'hérédité est très souvent retrouvé : quelqu'un a bégayé dans la famille ou a présenté des problèmes de langage et de latéralisation. De même pour la fragilité émotionnelle, mais elle est peu spécifique.

Plus de la moitié des bègues ont ou ont eu des problèmes de langage. Lorsque ceux-ci ne sont pas au premier plan, il n'est pas rare de trouver à un examen minutieux de petites incorrections telles que : manque du mot, lapsus fréquents, phrases inachevées, discours peu cohérent. On retrouve conjointement la séméiologie qui accompagne les troubles du langage, notamment : troubles moteurs, latéralisation (surtout enfants latéralisés tard ou mal latéralisés).

Ceux des bègues dont le langage est normal présentent des problèmes psychopathologiques dont on peut situer la genèse à différents moments de la vie psychique. En premier lieu, on décèle une relation mère-enfant profondément ambivalente : l'accès au langage est alors porteur de contradictions inconciliables (désir d'autonomie et angoisse de séparation ou d'abandon) et se trouve pris dans la contradiction : désir/refus (refus de la mère, de la nourriture, de la communication).

C'est un peu plus tard (période anale des psychanalystes) que se joue la problématique liée au contenu du corps que l'enfant peut garder ou donner, auquel il est parfois attaché de façon angoissante (angoisse de morcellement, perte d'identité). Tout se passe comme si les mots du discours étaient investis du même sens magique : l'enfant peut généreusement en gratifier sa mère ou obstinément les retenir. La parole, objet d'échange, de chantage parfois, suit les aléas de relations conflictuelles, parfois violentes. Les mots sont retenus comme dangereux, comme porteurs d'agression, comme risquant s'ils échappent de trahir l'ambivalence profonde[1].

En grandissant certains bègues manifestent des traits obsessionnels liés à ces relations profondément ambivalentes. Ils sont méticuleux, perfectionnistes, d'un ordre maniaque. Le langage peut être chez eux l'objet d'un investissement obsessionnel. Entre soumission et révolte, ils se croient souvent persécutés et, suivant la règle souvent vérifiée, se montrent persécutés-persécuteurs.

Évolution

L'évolution des bégaiements est très variable suivant qu'il s'agit de :

- symptôme d'une personnalité névrotique ou psychotique comme l'ont esquissé les lignes ci-dessus ;
- symptôme au sein de problèmes de langage et de parole ;

---

1. Certains *mutismes* répondent à la même problématique.
« Mutisme » signifie que l'enfant ne parle pas, n'utilise pas le langage, alors qu'il sait parler. Cette absence de langage n'est la conséquence ni d'un trouble organique ni d'une surdité. Son origine est psychologique. La signification du mutisme varie ; en allant des formes les plus sévères aux plus anodines, on distingue :
- le mutisme total, durable, dans lequel s'enferment certains enfants psychotiques qui restent étrangers à la communication ;
- des épisodes de mutisme réactionnel qui s'installent brusquement, à la suite d'une grande peur ou d'un traumatisme émotionnel majeur, et qui régressent souvent spontanément en quelques jours ou semaines. Ils affectent des enfants particulièrement sensibles, souvent fragilisés par des expériences traumatisantes antérieures, avec un langage légèrement immature ;
- des mutismes électifs, qui sont sans doute les plus fréquemment observés à l'école. L'enfant parle dans certains milieux ou avec certaines personnes mais se montre mutique avec d'autres. Situation la plus habituelle : il est normal chez lui et n'ouvre pas la bouche à l'école, ou encore : muet en classe il parle normalement en récréation. Lorsque ce mutisme survient au début de la mise à l'école, on pense à un comportement réactionnel, ce que l'évolution confirme souvent ; mais il arrive que l'enfant reste muet pendant toute l'année scolaire. C'est souvent un changement de classe, le contact avec une autre maîtresse qui fait miraculeusement fondre cette inhibition de la communication.

– symptôme transitoire, souvent réactionnel ;
– marque d'une fragilité émotionnelle ou de fragilité de la personnalité.

Le langage écrit

Lire apporte une autre façon de connaître et d'utiliser la langue. Cela implique de passer par un autre code, qu'il faut apprendre. L'écrit ne s'acquiert pas en effet comme le langage oral par simple exposition à un bain de langage. Il ne suffit pas de voir lire les autres, de regarder des livres ou d'écouter des histoires pour que la lecture s'organise d'elle-même. Il faut passer par l'apprentissage du système de l'écrit.

Apprendre à lire nécessite au moins une maturité suffisante (personnalité, intelligence, graphisme pour l'essentiel) et un langage à peu près construit. Il faut aussi avoir envie de découvrir ce que cachent et peuvent livrer ces petits signes apparemment cabalistiques que sont les lettres, c'est-à-dire une curiosité, un appétit et l'intuition que tout cela signifie quelque chose.

On sait à quel point notre société déplore le grand nombre d'échecs en lecture que l'on constate lorsque les enfants quittent le CP. Les causes en sont multiples, elles tiennent principalement :

– aux problèmes propres de l'enfant : immaturité, retard, instabilité ;
– à la surcharge des effectifs ; certaines classes dites « difficiles » (comprenez : dont un certain nombre d'enfants sont difficiles) ne permettent aucune activité personnalisée pour un apprentissage qui se porterait certainement mieux s'il comportait une part de contact personnel entre le maître et l'enfant. Une pédagogie collective ne peut tenir compte des particularités de chacun ;
– à des problèmes socioculturels : milieux illettrés, on ne lit pas, il n'y a pas de livres à la maison, pas de journaux, seulement la télévision. Nous retrouvons évidemment des questions liées au bilinguisme et aux inégalités socioculturelles ;

– à des problèmes qui tournent autour du langage : dyslexie, dysorthographie. Mais il ne faut pas penser que tous les échecs en lecture sont dus à la dyslexie.

On appelle *dyslexie-dysorthographie* des difficultés à s'approprier le système de la langue écrite dont certaines sont proches des dysfonctionnements qui ont été relevés autour des troubles du langage oral. Le lien trouble du langage oral-dyslexie n'est cependant pas obligé :

– quelques enfants dysphasiques, lorsqu'ils sont aidés, arrivent à acquérir la lecture sans troubles de type dyslexique (*cf.* les exemples que nous avons donnés ci-dessus) ;
– de même, quelques dyslexiques n'ont pas eu de troubles du langage.

Les principales difficultés qui entravent l'apprentissage de la lecture des enfants dyslexiques sont bien connues :

– difficultés pour saisir les formes graphiques des lettres. Ils confondent des formes qui se ressemblent comme *n, m*, et surtout des formes en miroir, c'est-à-dire orientées de façon opposée comme *d-b, p-q, u-n* ;
– difficultés pour établir le lien entre forme auditive et forme graphique ; la confusion affecte surtout les phonèmes sensibles : *s-z, ch-j, i-v*, mais aussi *c-g, d-t*, etc.
– difficultés à saisir l'ordre de succession des lettres soit dans une syllabe, soit dans des structures complexes comme *cr, tr, bl*, ou encore *ein-ien, ain-ian*, etc.
– omission de lettres ou de syllabes, notamment les finales, rappelant les omissions de la parole orale.

Certaines de ces difficultés sont la réplique à l'écrit des troubles du langage oral (phonétique, parole, découpage), d'autres portent plutôt sur les stratégies de saisie visuelle des formes écrites. Confusion de lettres en miroir mais aussi difficultés de balayage, de l'ordre de succession, de l'anticipation du regard.

On ne peut s'étendre sur ce problème de la dyslexie, qui concerne tant les enseignants. Il est abordé en bien d'autres ouvrages. En l'évoquant à la fin de ce chapitre sur les troubles du langage, nous voudrions rappeler quelques consignes prioritaires. Insister sur la prévention : c'est en prêtant attention tôt aux problèmes de langage et à certaines difficultés d'apprentissage que l'on peut éviter bien des problèmes de lecture. C'est en aidant l'enfant de façon personnalisée, c'est-à-dire individuellement et par une intervention spécialisée, que l'accès à la lecture pourrait être possible pour un plus grand nombre.

4

Que peut-on faire pour le langage ?

On ne parle pas de la même façon à l'enfant de deux ou trois ans qui fait ses premiers pas en société, à celui de cinq ou six ans qui va aborder la scolarité primaire ou à un enfant de primaire qui maîtrise bien sa langue. L'adulte qui choisit de s'occuper de jeunes enfants ne se pose évidemment pas la question : celui-ci a quatre ans, comment vais-je lui parler ? L'adaptation du niveau de langage à l'interlocuteur s'opère intuitivement. L'intuition ne fait cependant pas tout ; chacun se trouvera une fois ou l'autre devant des questions :

– avec tel enfant, rien ne passe. Pourquoi ?
– une collègue adopte avec les tout petits un ton qui semble bêtifiant ; qui est dans le vrai ?

Il faut prendre parfois le temps de réfléchir et d'analyser ses propres conduites verbales, mais non uniquement les conduites « verbales ».

En effet il revient à l'adulte – au maître – d'aider l'enfant à construire son langage, à bien parler, à bien maîtriser le français, oralement d'abord, bientôt par écrit. On s'estime déjà très satisfait d'y parvenir à peu près, mais on doit beaucoup plus à l'enfant : lui transmettre toutes les ressources de son environnement qui vont constituer, avec le langage – à partir du langage – un capital personnel unique. Car en même temps qu'il apprend à parler, ce petit être social apprend à vivre conformément aux habitudes qu'il partage avec ses proches, avec le milieu dont il adopte (refuse aussi parfois) la mémoire, les valeurs, les savoirs.

Il va apprendre à parler, à voir, à écouter, à observer, à imiter, à faire des signes, à écrire, etc. Apprendre à tenir sa place dans ce que les sociologues appellent le « registre du proche[1] », c'est-à-dire dans ses lieux de vie, à travers les activités et les contacts immédiats.

Langage et communication s'inscrivent, au début, dans ce réseau d'interactions de proximité. Puis l'enfant se trouve très vite acteur, pris dans les nouveaux moyens de communication dont l'évolution rapide modifie pour chacun de nous le rayon d'action des échanges. Nous voyons l'enfant de douze-treize mois prendre le combiné du téléphone (souvent un téléphone-jouet qui évoque à peine les appareils à touches en usage actuellement), le poser comme il peut, coincé sur l'épaule (quand comprend-il qu'il y a, normalement, quelque chose à écouter ?) et proférer un vague « Aooo ! ». Il nous enchante à à plusieurs titres. Tout d'abord enchante le progrès : c'est une bonne imitation, bravo ! bien vu ! Mais aussi amuse l'incongruité de l'imitation et l'énorme naïveté que l'on sait derrière ce geste : il ne restitue que la face superficiellement perceptible du schéma (le geste, les sons), mais ne peut en aucune façon comprendre qu'il passe totalement à côté de la réalité, qu'il manque l'essentiel : il n'y a personne au bout du fil, il n'entendra rien, il n'a rien à dire. Il n'empêche : sans le savoir, il entre de plain pied dans l'univers fascinant de la communication à distance, dont il n'a pas fini de découvrir les infinies possibilités.

L'explosion des progrès techniques que nous connaissons – qu'il connaîtra bien plus encore, l'évolution en est si rapide

---

1. Ou encore : le « paysage communicationnel », *in* : Moles A.-A., *Questions du communicologue à l'anthropologue. Les nouveaux enjeux de l'anthropologie*, Paris, L'Harmattan, 1993.

– va profondément infléchir les apprentissages, comme l'éventail des relations et des modes de communication dont le langage lui donne initialement la clé. Il est simplificateur de dire qu'en fait de communication le langage lui ouvre « le proche » et « le lointain »... il en est bien ainsi cependant.

Langage, culture, éducation

Le langage n'est pas une entité isolée que l'on pourrait améliorer en soi, mais il se trouve pris en bloc avec ce que l'enfant construit, qui est d'ordre cognitif, culturel, éducatif. Rappelez-vous la petite scène empruntée à Bruner, rapportée dans le premier chapitre : le petit enfant qui demande « encore » après avoir fini sa tasse de lait acquiert, autour de sa demande, tout un tas d'habitudes et de connaissances régulatrices liées aux réponses qu'il peut s'attendre à recevoir (ça suffit, y'en a plus, tu as vraiment soif ?, etc.).

Nous allons provisoirement quitter la petite enfance car je voudrais rapporter une scène dont les acteurs sont de jeunes adolescents. Nous ne nous éloignons pas du sujet : certaines réflexions s'offrent à nous de façon quasi expérimentale.

> Une vingtaine d'enfants de quatorze ou quinze ans, garçons et filles, quelques-uns français d'origine, d'autres non, venant de banlieue, occupent le fond d'un bus qui les conduit à leur après-midi de plein-air. Décontractés, à l'aise, en survêtements et baskets, ils ne diffèrent en rien des jeunes que nous rencontrons ici et là, de classe moyenne ou un peu en-dessous. Ni agités, ni fanfarons. C'est le mot « vulgaire » qui les décrit le mieux, non point au sens péjoratif de « grossier », mais, comme le précise le dictionnaire : « banal, commun, ordinaire, populaire ».
> On l'a deviné : ils occupent toutes les places assises ! Ils ne discutent pas tellement entre eux mais leurs vociférations créent un fort bruit de fond permanent. Des paroles qu'on ne comprend souvent pas, avec des accents qui s'entremêlent. Des exclamations, des appels, des cris ou des bruits. L'un rouspète chaque fois que le bus s'arrête à un feu rouge : « C'est long ! », « Fait

> chaud dans ce bus », répété, rerépété. Quelques jurons classiques, des soupirs, des cris rageurs, des « youyou ».
> Ils ignorent totalement les usagers qui s'entassent et instinctivement se détournent. Chaque groupe dans sa bulle.
> Après quatre stations, un garçon que rien ne distingue des autres me propose sa place – privilège des cheveux gris ! L'histoire ne veut rien démontrer. On peut en tirer tant de réflexions !

Les enfants restant assis sans la moindre gêne... on le sait : les règles les plus simples de politesse et de vie en commun ne font plus partie du bagage qui se transmet, à part dans quelques familles. Les enfants qui ont le privilège de recevoir une éducation (voilà un privilège réel dont on ne tient pas compte lorsqu'on évalue différentes catégories sociales, un privilège qui n'est pas forcément lié au statut économique de la famille) sont pris dans les habitudes communes dès qu'ils sont en groupe.

Vous imaginez que, debout ou assise, j'ai ouvert mes oreilles toutes grandes. Comment faire autrement, on n'entendait qu'eux ! Vous ne serez pas étonné : leur niveau de langage m'a consternée. Non pas leur aptitude à parler. Il est probable que dans une situation plus structurée ou devant une activité sérieuse la plupart pouvaient faire montre d'un langage normal ou à peu près. Mais dans cette situation relâchée, entre eux, les bribes de langage produites étaient d'une extrême pauvreté. Difficile de décrire du reste ce mélange de langage et de bruits :

– presqu'autant de sifflements, de cris, d'onomatopées, de bruits de bouche que de formes linguistiques ;
– certains enfants lançaient des mots isolés, des exclamations (tiens ! vise ! tè !) ou des mots grossiers aujourd'hui banalisés, souvent flous (putain ! – à peine distinct de pétard !) ;
– des bribes de phrases qui souvent ne s'adressent à personne : « T'as vu... ? », mais personne n'est censé voir et l'on n'attend pas de réponse. Des commentaires stéréotypés sur la situation (Fait chaud ! C'est long. T'as v u untel !). Un détail vu dans la rue est cité ou entraîne un début de commentaire qui ne débouche sur rien :

> — 36 15 (lu sur une affiche), tu fais 36 15 TF1, pi là c'est tout bon, 36 15 pi TF1, 36 15 t'as gagné, c'est l'minitel.

Un autre enchaîne :
— Ma cousine elle débranche.
Une boutique de cycles dans la rue :
— Tè, des Vespas !
Un autre, admiratif :
— Putain !
— I vendent…

Une vague moquerie au départ et le thème circule de façon lâche :

— Y'a des babouins par là, des singes, des mecs !
Un autre accroche « singe » :
— Tes frères !
— Moi j'ai un frère et une sœur.
— Sa frangine !

Banal finalement : il s'agit de langue orale. Remplissage des moments d'attente où l'on n'a rien à se dire. Des phénomènes de groupe dont nous avons tous été souvent témoins.

Pour moi, le langage de ces jeunes ressemblait étrangement à celui de petits enfants. En d'autres termes, un groupe d'enfants de cinq ou six ans, dans la même situation, aurait eu des productions peu différentes. Et je me suis rendu compte que ces gars, dont certains étaient plus grands que moi, je les écoutais comme des « petits ».

Ce pauvre langage, haché, mal articulé, impropre à la communication, ne pouvait pas être évalué isolément. Il ne faisait qu'exprimer l'attitude générale de ces enfants : interférences des mélanges sociaux et linguistiques et manque d'éducation de la plupart.

Cette corrélation langage-éducation-habitudes de vie doit être prise en compte toutes les fois que l'on parle – de façon trop théorique souvent – de bilinguisme ou de multilinguisme. On revient souvent à ce sujet si important. Le groupe entraîne une uniformisation à un niveau éducatif, culturel et linguistique moyen, si ce n'est au niveau le plus pauvre. Les enfants d'origine française ne sont pas forcément défavorisés au contact des autres car, dans bien des familles, les plus simples règles de la vie en société ne sont guère transmises.

Je ne pouvais m'empêcher de penser : comment peut-on s'y prendre avec ces enfants ? Comment font leurs enseignants ?

Et je revenais à ma conviction profonde : il faut se poser ces questions bien avant, au cours des premières années de la vie, alors que l'enfant est encore réceptif à des tas d'apprentissages. J'essayais de me représenter comment étaient ces enfants, à trois ou quatre ans, lorsqu'ils ont commencé à fréquenter l'école. C'est alors qu'il aurait été possible d'infléchir leurs comportements et de freiner cette dérive du langage.

Ne pensez pas que je mélange tout ou que nous perdions de vue le langage. Les enfants du bus montrent une fois encore qu'avec le langage sont pris en bloc des apprentissages, la transmission de savoirs multiples qui portent sur les connaissances – on le sait depuis longtemps – mais aussi sur les habitudes quotidiennes et les règles communes. Nous savons tous, dès le début, que l'éducation du langage ne se limite pas à prononcer comme il faut, à acquérir du vocabulaire et à respecter la grammaire.

Le projet semble utopique ? Oui et non. C'est en élargissant le champ du langage que l'on peut donner vie à toutes les consignes de caractère « scolaire » et permettre à l'enfant de les utiliser dans le langage de tous les jours. Se persuader que l'on fait bien plus que du langage, que, par et à travers le langage, on pense à la réussite scolaire certes mais aussi à l'homme que sera demain cet enfant.

Des stratégies générales

Avec le tout-petit

C'est avant l'entrée à l'école maternelle qu'ont commencé à s'organiser les habitudes d'interaction entre adulte et enfant, avec les parents, la nourrice, à la crèche, qui peut – on n'en informe pas suffisamment son personnel – jouer un rôle magique lorsque l'enfant ne trouve pas chez lui un climat de communication ou d'intérêt favorable au langage.

Nous allons regrouper ici des remarques dont certaines ont déjà été dessinées dans le chapitre consacré aux débuts du langage, puis précisées au fil des pages. Elles sont, pour la plupart, encore tout à fait adaptées aux débuts de l'école maternelle. On ne change pas profondément d'attitude selon que l'on passe de la toute petite enfance à l'école maternelle puis à l'école primaire. Il y a progression, élargissement des thèmes et des exigences, adaptation aux nouvelles possibilités de l'enfant ; mais les idées de fond demeurent les mêmes.

Nous avons bien saisi le style particulier de langage que l'adulte adopte avec un bébé, puis avec un jeune enfant. Pour les parents qui ne trouvent pas ce ton spontanément, pour les adultes qui doivent se débrouiller avec des enfants encore très jeunes (à la crèche) ou avec des trois ans qui ne parlent guère, ces remarques peuvent apporter quelques idées. Il s'agit de consignes qui peuvent sembler très simples, mais combien les ignorent totalement :

- regarder et écouter le bébé. Repérer ses essais de communications, ses appels, ses essais de productions vocales, les premiers sons du babil, les bruits de lèvres, de langue. Plus tard ne pas laisser sans écho les premières ébauches de mots, même très simplifiés, très déformés. Planté devant le placard qu'il reconnaît bien, il produit un vague « llla »… il est évident que c'est sa façon de dire « chocolat ». Vous pouvez ne rien entendre, faire volontairement la sourde oreille ; vous pouvez aussi attraper au vol cet essai de mot en lui donnant de l'importance : « Chocolat ? C'est ce que tu veux, quel gourmand, encore du chocolat. » Vous pouvez obéir à sa demande… c'est votre affaire, mais quelles que soient les modalités de votre réponse, le fait d'écouter et de répondre est positif pour le langage ;
- vous allez donc encourager ses essais par votre attention et par des renforcements positifs (nous en parlons un peu plus loin) ;
- vous vous efforcez aussi de parler à l'enfant, comme à une personne, comme à un interlocuteur que cela peut intéresser. Au début ce sera un monologue, des commentaires sur la situation en cours (« bien mangé », « il est tout mouillé »),

puis votre bavardage deviendra plus étoffé et précis à mesure que l'enfant grandit, réalisant une mise en mots de la réalité, des choses que l'on voit et fait ensemble. Le langage ponctue la réalité, ce qui se déroule ; l'enfant en est l'acteur et entend les mots qui en parlent ;

– un conseil encore : éviter le flot de paroles qui ne laissent à l'enfant aucune place pour glisser ses essais personnels. Ménager des « blancs » qui permettent un tour de rôle. Chacun son tour, ce sont les premiers schémas de dialogue. Consigne importante encore lorsque les enfants se trouvent en groupe : ceux qui parlent bien répondent évidemment toujours les premiers, écoutez celui qui ne dit pas grand-chose, ouvre rarement la bouche, c'est lui qui a besoin qu'on lui donne la parole, même si elle est imparfaite et difficile à saisir ;

– il s'agit, bien sûr, de s'adapter au niveau de l'enfant et à ce que lui-même produit. S'il fait des « aaaa » ou des « agueee » l'adulte reprend ces sons, les répète, les encourage. Lorsqu'il s'agit d'onomatopées, de mots ébauchés, l'adulte reprend, imite, répète. Le discours de l'adulte est ainsi beaucoup plus abondant que celui de l'enfant. En répétant, l'adulte montre déjà qu'il est « en ligne », qu'il écoute l'enfant et maintient le fil de la communication. De plus, il ne s'agit pas d'un simple écho, d'une répétition passive, mais l'adulte renvoie à l'enfant une forme plus nette, plus correcte (lorsqu'il s'agit de mots, des premières phrases). Un *feed-back* correcteur, améliorant. L'enfant à son tour va souvent prolonger l'interaction en reprenant – amélioré ou non – son énoncé initial. Ils s'imitent l'un l'autre. Quel que soit l'âge, il faut essayer de comprendre et interpréter ce que dit l'enfant. La reprise des premières productions de l'enfant n'est sans doute que la projection des sentiments de l'adulte (« Qu'il est fatigué ! Là c'est un grand, il a tout mangé »). Mais, au fil du temps, ce que dit l'adulte ressemble de plus en plus à une traduction améliorée de ce que veut dire l'enfant, des premiers mots, des formes mal articulées, des premiers énoncés. L'adulte a l'intuition ou l'habitude de ce que l'enfant veut dire ; il redit en vrais mots ; il donne un sens à une succession de syllabes qui ne dirait rien à une oreille moins familière. Décrire ces comportements peut sembler énoncer des évidences ; c'est aussi dire de façon trop détaillée des réponses qui sont simples, à peu près toujours instantanées et nullement réfléchies.

Comprendre ce que veut dire l'enfant est plus difficile mais plus important encore avec des enfants qui ont des problèmes de langage.

Les autres traits du discours de l'adulte au jeune enfant continuent à fonctionner. Nous les retrouverons au début de l'école maternelle.

Des stratégies « idéales »

Une fois recensés ces ajustements qui favorisent la construction du langage, il vient à l'esprit de cerner la formule qui pourrait être la plus efficace. Quelles attitudes semblent les plus favorables ? Elles devraient être prioritaires dans les projets pédagogiques, dans les rééducations des jeunes enfants, dans nos comportements tout simplement.

Pas d'enthousiasme déplacé : ce qui marche bien dans les interactions naturelles entre adulte et enfant fonctionne précisément dans la mesure où tout est spontané, inventé sur le moment par chacun. Apprendre ces procédés n'entraînera pas forcément le même résultat.

Ce thème a suscité une infinité de travaux, surtout anglophones. Je cite les conclusions d'une recherche sur « les moyens d'évaluation objective pour les interactions parents-enfants » qui donne une opinion « moyenne » et a largement servi de référence depuis.

> Les auteurs recensent les nombreux travaux déjà consacrés à ce sujet et analysent des enregistrement vidéo de séquences de jeu libre d'enfants monolingues de quatre ans et deux mois à cinq ans et deux mois avec leurs parents. Ils isolent ainsi une quarantaine de critères qui permettent de décrire des modalités d'interactions qu'ils classent dans les grandes catégories ci-dessous. L'énumération en est un peu fastidieuse, mais on comprend aisément à quels comportements chaque intitulé fait référence.

Dans les séquences d'interactions, les conduites de l'adulte appartiennent à quelques modèles-types. Il s'agit de :

Renforcement

On entend par là une activité ou une réponse qui suit un comportement de l'enfant. Un renforcement peut être :
- verbal : tous les commentaires comme : « ça va », « bon », « d'accord ! » ;
- physique : un sourire, une petite tape, un signe de complicité ;
- mangeable : on donne à l'enfant quelque chose à boire ou à manger ;
- naturel : l'enfant obtient ce qu'il demande.

Comportements non verbaux :

- prêter attention : l'attention de chacun est focalisée sur l'autre ;
- faire référence : on dirige l'attention vers un objet ou un fait, par pointage, par direction du regard ; ou encore l'adulte imprime à un objet un mouvement qui focalise l'attention de l'enfant ;
- gestes : tous les gestes qui renforcent le message verbal (comme un geste qui montre : « un ballon, rond... comme ça ») ;
- espace physique : les interlocuteurs essaient de trouver la « bonne distance », celle qui rend la communication confortable, elle est d'environ 60 centimètres chez nous.

Conversation :

- imitation : il y a répétition, partielle ou non, immédiate de ce que vient de dire l'interlocuteur ;
- expansion : l'adulte répète l'énoncé de l'enfant en le complétant grammaticalement ;
- parler parallèle : l'un des deux commente ce que l'autre est en train de faire ;
- nommer : c'est l'adulte le plus souvent (mais pas toujours) qui donne le nom, nomme des choses, des faits, des actions de l'environnement ;

– demande-requête : l'un des interlocuteurs influence l'autre par des demandes directes (des ordres, des commandements : « Ramasse ! » « La main ! ») ou indirectes (« Tu veux être gentil et aller chercher mon sac ? ») ;
– réponse-extension : on répond par une autre question à celle qui vient d'être posée. C'est une stratégie conversationnelle qui prolonge l'interaction. Par exemple :
  • l'enfant demande s'ils vont sortir : *proné* ? (= promener),
  • l'adulte : « Tu crois que c'est l'heure d'aller te promener ? »

Comportements verbaux

Il s'agit de stratégies qui incitent directement l'autre à parler :
– questions : qu'est-ce que c'est ? qu'est-ce que tu vois ? où est la petite fille ?
– demandes qui imposent un modèle : l'adulte impose à l'enfant de dire comme lui, de répéter ou de faire comme lui ;
– compléter la phrase : là aussi le langage est directement sollicité, l'adulte commence une phrase dont l'intonation en suspens incite l'enfant à terminer. Par exemple, en regardant un livre ensemble : « Là, tu connais tous ces légumes, la tomate est… ? »

Registre de l'enfant

Les stratégies reproduisent alors des caractéristiques du langage enfantin, ou correspondent aux particularités du langage de l'adulte à l'enfant dont nous avons fait état ci-dessus. On retrouve :
– exagération de l'intonation : l'adulte modifie le ton, le rythme, comme pour forcer l'enfant à écouter ;
– phrases courtes, correspondant à peu près à la dimension de celles de l'enfant ;
– pauses : allongements, attentes pour capter l'attention ;
– répétitions : reprises de l'énoncé de l'enfant, dont on conserve le sens tout en changeant certains éléments :

– Enfant : « *Amon* »
– Adulte : « Camion ? un camion, oui, c'est un gros camion » ;

– conformité au lexique de l'enfant : l'adulte parle de choses que l'enfant connaît, qui appartiennent à son univers familier.

Vient le bilan : quelles stratégies marchent le mieux ? Il est plus court de citer les plus *négatives*. Ce sont celles qui contraignent directement l'enfant à parler : les questions et les demandes de répétition, de phrases à compléter. Il s'agit de toutes les attitudes qui *forcent l'enfant* à parler ou le mettent en difficulté sur ses limites linguistiques : on le somme de compléter une phrase pour qu'il fasse attention ou en se doutant qu'il ne sait pas. On le force à répéter lorsqu'il ne réussit pas à prononcer correctement. On le questionne à la limite de ce qu'il sait, parfois même pour bien lui montrer qu'il ne sait pas.

Chacun peut s'interroger sur ses habitudes personnelles. Comment vous situez-vous ? Vous reconnaissez-vous dans certains modèles ? Certaines stratégies vous sont-elles familières ? Aviez-vous réalisé quelle inhibition entraînent les stratégies dites négatives ?

Écoutez-vous. Écoutez aussi les parents autour de vous. Ces stratégies les plus négatives sont, hélas, trop fréquentes. Combien de parents s'acharnent à faire répéter chaque mot incorrect et, devant l'inefficacité du moyen, croient finalement que l'enfant y met de la mauvaise volonté car ils n'obtiennent aucune amélioration. Combien, avec les meilleures intentions du monde, assomment les enfants de questions permanentes.

Il suffit parfois que les parents cessent – de faire répéter, de poser des questions – pour que se trouvent débloqués des retards de langage qui semblaient sérieux.

Si vous ne gardez en mémoire que deux idées dans ce chapitre, choisissez celles-ci :

– ne pas imposer à l'enfant de répéter correctement (sauf rares cas dont nous reparlerons),
– ne pas poser de questions systématiques.

Ces consignes sont particulièrement pertinentes lorsque l'enfant est en difficulté pour le langage, comme nous allons le voir immédiatement.

Des enfants relèvent d'une aide personnalisée

L'école assume des tâches multiples, elle ne peut tout faire, ni aller contre cette réalité, non modifiable : le caractère collectif des activités. Il se trouve que les enfants qui ont des problèmes de langage profitent très peu ou ne profitent pas des activités de langage communes. Ils ne peuvent progresser sans une aide personnalisée et spécialisée. Cela ne signifie pas qu'ils n'ont pas leur place à l'école. Ils ont besoin d'autre chose, en plus. Dans ce cas, l'école intervient à plusieurs titres :

– tout d'abord pour déceler les enfants dont le langage pose un problème. Le *dépistage* doit absolument être une préoccupation de l'école dans la mesure où les parents eux-mêmes ne sont pas tous avertis. La lecture des chapitres précédents a convaincu, je l'espère, que ce dépistage doit intervenir aussi tôt qu'on le peut ;
– autre rôle de l'école : *collaborer* avec les spécialistes qui vont s'occuper de l'enfant de façon à harmoniser au mieux ce qui peut être fait pour favoriser le langage et le développement de l'enfant.

Premier point : quels critères ?

– une attention particulière pour les enfants qui ont un handicap connu ou qui sont déjà suivis pour différents problèmes, somatiques ou autres ;
– des doutes concernant l'audition : enfant qui comprend mal les consignes, qui fait répéter, qui ne réagit pas lorsque quelqu'un marche derrière lui, etc. ;
– le retard de langage renvoie aux repères qui ont été donnés dans les chapitres précédents. La notion d'évolution est particulièrement précieuse : il arrive que le maître ne puisse se

prononcer sur le retard d'un enfant dès la rentrée scolaire ; l'absence de progrès cinq ou six semaines plus tard est un facteur préoccupant.

On peut s'en tenir à ce schéma : demander un avis spécialisé toutes les fois que l'on constate :

- un décalage d'un an environ par rapport aux acquisitions de langage normales ;
- une absence d'évolution après deux mois de fréquentation scolaire dans des conditions normales ;
- un doute sur l'audition ;
- la persistance au-delà de cinq ans de troubles articulatoires ;
- un bégaiement durable.

Cette consultation permettra de mieux analyser les problèmes de l'enfant. Elle ne débouchera pas forcément d'emblée sur une prise en charge spécialisée, car une seconde consultation ou un délai seront souvent utiles pour apprécier l'évolutivité (Aimard et Abadie, 1991).

Deuxième point : il faut savoir *quels intervenants* peuvent aider l'enfant. Le nom de leur profession est connu de tous ; le rôle de chacun dans les troubles du langage de l'enfant est bien précis.

Orthophonie

Les orthophonistes assument la rééducation des troubles de la voix, de la parole, du langage oral et écrit, ainsi que du bégaiement.

Le terme « orthophonie » s'est imposé en France, avec ses deux racines grecques : « ortho », qui signifie à la fois « droit », « correct » ; et « phonie », qui parle des sons et des voix comme dans « phonème », « phoniâtre », « magnétophone » et « saxophone ». Nos voisins francophones ont choisi « logopédie », qui associe « logos » : « discours », « parole », à la finale « enfant », qui rapproche de « pédagogie ». Certains préfèrent le terme plus moderne de « thérapies du langage », correspondant à l'anglais *speech therapy*. Il a la qualité de ne pas limiter l'intervention à ce qu'elle a de plus rigide et spécifique ; c'est juste, car chacun sait qu'une part de « psycho » intervient toujours en plus des activités centrées sur le langage. Il présente cependant l'inconvénient d'être vague ; on peut craindre que cette étiquette ne permette de faire... n'importe quoi, ce qui n'est pas du tout la vocation de l'orthophonie.

L'orthophonie s'est définie comme discipline paramédicale à partir de 1950, grâce à l'expérience et à l'extraordinaire intuition de Suzanne Borel-Maisonny dont les travaux et les modèles sont restés la référence commune. Officiellement reconnus en 1964, les actes pratiqués par les orthophonistes doivent être prescrits par un médecin et sont alors pris en charge par les organismes de santé.

La pratique de l'orthophonie s'est considérablement élargie et approfondie depuis ses débuts :

– approfondie dans la mesure où les orthophonistes se sont intéressés à toutes les disciplines qui ont contribué à mieux connaître le langage : les différentes linguistiques, les techniques de communication, les sciences cognitives, la neuropsychologie, etc. ;
– élargie tant dans ses indications que dans ses pratiques. Réservée initialement aux troubles du langage les plus courants et les plus manifestes constatés chez des enfants d'âge scolaire (les troubles de prononciation mais aussi les dyslexies sévères, les dysphasies), elle a élargi son champ aux deux extrêmes de la vie : interventions précoces toutes les fois que l'indication en est posée – notamment éducation précoce des enfants sourds ou handicapés – et à l'autre extrême dans des aphasies de l'adulte et en gériatrie.

Le diagnostic et les indications proposées précocement dans de nombreux handicaps (enfant sourd, infirme moteur cérébral, trisomique, polyhandicapé, enfant porteur de fente labio-palatine) ont amené à préciser et à codifier le rôle de chacun, notamment la place de l'orthophoniste au sein des équipes qui prennent en charge ces enfants.

Le terme de « rééducation » que contient « rééducation orthophonique » n'est pas toujours justifié. Il est pertinent lorsqu'on doit s'occuper d'un enfant déjà grand dont le langage est structuré de façon inadéquate ou d'un enfant dyslexique avec lequel tout l'apprentissage de la lecture doit être repris et donc, d'une certaine façon, « rééduqué ». Mais lorsque l'orthophoniste intervient tôt dans la vie de l'enfant qui n'a pratiquement élaboré aucun langage, ou dont le handicap rend impossible tout accès naturel au langage (enfant sourd par exemple), elle (il) n'a rien à « ré »-éduquer, mais plutôt à « éduquer ». « Éduquer » n'est pas tout à fait le terme non plus : il s'agit somme toute de « construire avec l'enfant » ou « d'amener l'enfant à construire ». Ni vraiment éducation, ni vraiment pédagogie. Plutôt une attitude dans laquelle comptent autant les qualités personnelles de l'orthophoniste que ses connaissances spécifiques et son « savoir-faire ».

Psychomotricité

Les rééducateurs de la psychomotricité ont une identité plus difficile à définir. Nés de différents courants empiriques, ils ont été reconnus tardivement comme professions paramédicales. Quelles sont les frontières de leur exercice ? Il est assez simple de dire ce qu'ils ne font pas : il ne s'agit ni de gymnastique, ni de kinésithérapie, ni de danse rythmique, ni d'orthophonie évidemment, bien que les activités proposées à l'enfant ressemblent par moment à celles qui sont pratiquées ailleurs. Ils utilisent les activités corporelles, la connaissance du corps (notion de schéma corporel, de reconnaissance des parties du corps, de ses limites), les positions dans l'espace, ainsi que les notions spatiales et temporelles (rythme, succession, séquences), la relaxation et aussi, pour les enfants qui en ont besoin, un entraînement moteur portant sur les activités motrices, fines (habileté manuelle) ou globales.

On reconnaît là les thèmes des activités motrices pratiquées à l'école. Certaines sont les mêmes. Différence essentielle : elles sont proposées là à des enfants qui ne réussiraient pas à acquérir par eux-mêmes ce qui est nécessaire à ces réalisations ou ne le feraient pas dans des conditions collectives :

des enfants particulièrement maladroits, coordonnant mal leurs gestes, dont certains sont hypotoniques, d'autres au contraire tendus, inhibés, ou encore agités, dispersés.

On peut penser que la psychomotricité s'adresse à d'autres enfants, dont les problèmes seraient essentiellement moteurs. Il en est parfois ainsi, mais les enfants qui ont des problèmes de langage sont aussi souvent mal à l'aise dans leur corps et dans leurs gestes, maladroits, mal latéralisés... C'est tout cet ensemble que la rééducation (là encore « rééducation » n'est pas le bon terme) de la psychomotricité peut améliorer.

On imagine bien que les séances de psychomotricité ne se déroulent pas dans le silence, mais tout naturellement en parlant, en commentant ce qu'on fait, en suivant la musique ou un rythme que l'on frappe. Autre atout : ici, l'enfant est tranquille : on ne lui demande pas de parler, il ne sent pas que l'objectif immédiat est le langage comme il le ressent toujours plus ou moins en orthophonie, même lorsqu'on évite toute pression. Il va de soi que bruitages, onomatopées, productions vocales, cris parfois accompagnent les activités physiques. Je revois une petite fille de quatre ans qui n'avait aucun langage et était restée totalement inhibée pendant plusieurs mois en orthophonie. Après quelques séances de psychomotricité, elle était là, toute raide, en attente, pieds joints dans un cercle dessiné à la craie, prête à suivre la consigne qu'elle devait imiter : faire un grand pas en avant et sortir du cercle ; imitant sa rééducatrice elle fit un pas de géant, et avec elle, prise dans la dynamique de l'action commune, imita pour la première fois : « On y va ! »

Psychothérapie

On ne va pas détailler ici l'histoire des psychothérapies d'enfant, leurs indications et leurs modalités. Il n'y a pas de lien absolu entre troubles du langage et psychothérapie mais certains problèmes de langage traduisent un trouble psychopathologique global qui ne peut être amélioré si l'on ne s'occupe que du langage.

Une psychothérapie peut être indiquée dans des cas relativement courants : exemple fréquent d'enfant immature dans une situation de dépendance qui bloque son évolution, dont celle du langage ; ou aussi enfant pris au cœur d'une situation familiale conflictuelle ; on envisage alors une psychothérapie familiale tant il est vrai que soigner l'enfant tout seul, sans tenir compte de la pathologie nouée autour de lui, est illusoire. Encore des situations banales mais parfois lourdes de conséquences : conflits de jalousie, carence d'autorité, familles pathologiques qui échappent hélas souvent aux propositions d'aide qui peuvent être faites.

Bien plus rares sont les problèmes psychopathologiques sévères de l'enfance, névroses ou psychoses infantiles, pour lesquels il convient que collaborent tous ceux qui ont la charge de l'avenir de l'enfant : psychothérapeute, orthophoniste dans certains cas, assistante sociale, et évidemment parents et école.

Une nécessaire coopération

Les spécialistes qualifiés pour aider l'enfant engagent avec eux les proches de l'enfant, qu'il s'agisse des parents ou de l'école. Il existe en quelque sorte entre eux un « pacte pour l'enfant », comme un contrat : chacun tient les autres au courant des difficultés, des acquisitions en cours, des progrès. Ces échanges sont profitables dans tous les sens ; l'orthophoniste par exemple ne peut ignorer ce que l'enfant est en train de faire en classe ni comment il utilise dans la vie de tous les jours les acquisitions qu'ils sont en train de mettre sur pieds. Une attitude est fréquente, de la part tant des parents que des enseignants : on a décelé telles difficultés chez l'enfant, tout le monde est d'accord, il est confié à une orthophoniste. Les proches se sentent alors parfois déchargés, *dégagés de la responsabilité* ; ils ont fait le nécessaire, maintenant c'est le problème de l'orthophoniste ; la responsabilité de l'évolution incombe à une autre personne. Même attitude de la part de certains maîtres : ils ne voyaient plus comment s'en sortir avec un enfant difficile, le fait d'en confier la responsabilité à un autre les libère et ils ont tendance à ne plus s'en soucier. Non, l'orthophoniste ne devient pas dépositaire de toute la charge, elle (il) ne dispense pas les autres de s'occuper de l'enfant. C'est au contraire en concertant leurs efforts qu'ils permettront à l'enfant de progresser.

Lieu d'exercice

Reste un sujet souvent débattu : *où exercent* ces différents intervenants, notamment les orthophonistes, du moins « où » par rapport à l'école ? Pour des raisons pratiques évidentes (accompagnement, temps perdu dans les transports, emploi du temps des parents), on choisit une adresse proche de l'école : sur la place du village, à côté de l'école, dans des petites communes, mais elles sont l'exception.

Dans les situations courantes, la question est alors : la rééducation va-t-elle se dérouler hors de l'école ou « dans » l'école. Dans d'autres pays, au Canada par exemple, les orthophonistes sont beaucoup plus lié(e)s à la vie scolaire, donc présent(e)s à l'école ; c'est un autre mode d'exercice. En France, le choix « dans » l'école n'est pas tellement apprécié. Les avantages seraient purement matériels : facilité de déplacement, d'arrangement des horaires, de contacts avec les enseignants. Les inconvénients, eux, sont de plusieurs ordres. Ces professions dites libérales n'ont pas entrer dans le moule des structures publiques, même si, par endroits, des collaborations peuvent être estimées enrichissantes. L'enfant doit pouvoir organiser des repères précis : il sait qu'il bénéficie d'une relation privilégiée et absolument personnelle avec telle personne qui peut l'aider pour son langage ou d'autres problèmes. Cette relation personnelle ne saurait être confondue avec ce qui se joue en classe, dans une situation collective où – même s'il l'adore et la vénère – il partage sa maîtresse avec tous ses camarades et se trouve pris dans la masse lorsqu'il s'agit d'apprendre quelque chose. S'il retrouve l'orthophoniste au tournant du couloir, il lui est beaucoup plus difficile de cerner avec précision les rôles de chacun et ce que chacun attend de lui.

En maternelle

Dans quel esprit travaillez-vous ? Comment vous situez-vous entre tradition et modernité[1] ? L'engagement pédagogique est entier dès l'école maternelle. L'école d'aujourd'hui se crée et évolue sans cesse : avec les grands courants pédagogiques du début du siècle, elle croit à la liberté, aux enfants épanouis, elle sait que chacun doit suivre son rythme, développer au mieux ses capacités. Elle a pris au sérieux ce qui passe par le jeu, le corps, l'expression libre. Elle sait qu'une directivité bien pensée n'est pas un « laisser-faire » pédagogique. Ouverte aussi au courant plus récent qui mise sur les capacités exceptionnelles des jeunes enfants, elle tempère l'effet de mode des apprentissages précoces.

Les exemples d'écoles qui proposent à des petits de trois ans d'apprendre le violon, l'anglais et les échecs font sourire en même temps qu'ils agacent.

Mais, à l'opposé, nous savons très bien que le bagage moyen proposé par l'école maternelle est loin d'utiliser toutes les possibilités de nombreux enfants qui seraient capables d'aller bien plus vite et de faire bien plus. Avec vingt-cinq ou trente enfants par classe, on ne peut permettre aux plus doués de réaliser toutes leurs possibilités.

Revenant au langage, nous allons parler programmes, objectifs, méthodes. Mais il faut dire un mot encore du rôle éducatif de l'école, car il s'agit bien de donner à l'enfant un langage, une éducation qui permette à chacun d'être à sa place dans la société, d'accéder à un niveau commun moyen qui s'accommode des différences ethno-culturelles. Non dans l'idée de rendre tous les enfants identiques, mais en vue

---

1. Nous parlons ici de pédagogie mais « tradition et modernité » concerne autant l'évolution de la société et des mentalités. Pensez à quelques uns des changements les plus évidents : l'évolution de la famille, des références morales ou religieuses, l'évolution de la formation des maîtres, des exigences concernant les connaissances scolaires, etc.

d'assurer en même temps que les apprentissages de base une certaine « éducation » – comment dire pour ne pas paraître démodé : des règles de politesse, de vie en commun, une certaine morale. Ce côté « morale sociale » de l'école a fait l'objet de bien de critiques, a été mis de côté, négligé... puis devant l'absence de référence de la société contemporaine, l'ignorance ou l'absence de capacités de tant de familles lorsqu'elles existent encore, on doit bien admettre que l'école est le seul lieu commun par lequel passent tous les enfants. Ce rôle se comprend en tous cas pour le grand nombre d'entre eux, qui n'ont aucune chance de recevoir ailleurs cette éducation. On ne parle pas uniquement d'enfants de milieux défavorisés : tant d'enfants de milieux très divers sont « mal élevés » ou pas élevés du tout, les enfants gâtés, exigeants, capricieux, les enfants-rois, les enfants qui font la loi, ceux qui n'ont jamais connu de limite, de contrainte, comme ceux qui, à l'opposé, sont pris dans des situations tellement incohérentes qu'il leur faut bien un pôle de référence quelque part dans la vie.

Il se mêle là des idées d'un autre âge – celles de la responsabilité de l'école – et d'autres d'un modernisme absolu, puisqu'elles répondent aux défaillances d'une société où peu d'enfants connaissent un modèle de vie familiale harmonieux « classique ».

Est-ce donner trop de charges à l'école ? Nous allons répondre « oui » et « non ». Par certains côtés, l'école tient en mains le devenir de l'enfant, mais ne l'a-t-elle pas toujours fait, notamment pour quelques enfants exceptionnels qui sans elle n'auraient pas réalisé leur destin (lire Camus, par exemple). L'idée que par l'intermédiaire du langage, à travers lui, peuvent se mettre en place – appelez cela... – politesse ou respect des autres, habitudes sociales, ou adaptation future, envie d'apprendre, curiosité, donne bien la mesure des tâches pédagogiques que tous assument. Redire le rôle clé de l'école en la matière n'implique pas l'irresponsabilité des autres milieux dans lesquels vit l'enfant : les parents ne doivent pas attendre tout de l'école.

À ses débuts, le langage de l'enfant se modèle sur celui de la famille. Il n'a guère d'autre source. Le changement n'est pas sensible de façon immédiate lorsqu'il se met à fréquenter l'école. Mais peu à peu les proches repèrent des formules et des mots qui viennent d'ailleurs : un mélange de français un peu plus formel, convenu, et de tournures beaucoup plus « libres », le langage de la cour de récréation et des copains, les formules qu'il copie, sans discernement, sur ceux qui parlent haut et fort. Aux premiers gros mots, les parents accusent immédiatement : « Ça, ça vient de l'école ! »

Comme les enfants entrent à l'école de plus en plus tôt, dans la classe de deux-trois ans beaucoup d'enfants sont encore très « bébé » et ne parlent à peu près pas. Avec eux nous revenons aux schémas d'interactions adulte-enfant. La maîtresse est d'autant plus l'adulte de référence que, dans certains cas, les parents ne peuvent eux-mêmes assumer ce rôle. Peut-on dire qu'il suffirait alors, avec ces enfants, de se comporter « comme des parents » ? Là encore, la réponse est : oui et non.

Oui, dans la mesure où l'acquisition du langage s'inscrit dans des formes d'échanges dont nous allons revoir ci-dessous quelques particularités.

Non, pour plusieurs raisons. La plus évidente : même dans les meilleurs cas, la relation de l'enfant avec la maîtresse ne comporte pas le même engagement affectif que celui qui constitue le moteur du jeu du langage entre enfant et parent. La plus réaliste : même si l'enfant est l'objet d'une attention exceptionnelle, à l'école, le temps de relation individuelle est extrêmement limité. Les activités de langage s'adressent à tous.

Les objectifs

Officiellement, les consignes données aux pédagogues, quel que soit l'âge de l'enfant, font à peu près le tour des buts recherchés. Elles demandent :

– de favoriser les activités de communication, le langage comme moyen de communication ; d'encourager l'expression (par le langage, par d'autres moyens) ;
– d'enrichir le vocabulaire, d'éveiller la curiosité pour les mots, leur sens précis, leurs relations ;

– de consolider les structures du langage aux différents niveaux, phonétique, sémantique et syntaxique ; tant l'expression que la compréhension ; de faire prendre conscience à l'enfant que l'adulte ne comprend pas tout ce qu'il dit : on doit tenir compte de celui qui écoute ;
– de faire partager le sentiment que le langage est plus un moyen d'échange qu'une « norme » à laquelle se conformer ;
– de donner le goût des histoires, des récits, des livres, des textes appris (poèmes, chansons), et l'habitude de prêter attention à ce qu'il y a d'intéressant dans les livres ;
– de ce fait, de préparer l'enfant aux apprentissages scolaires, lecture et autres ;
– dans cette optique aussi, de sensibiliser, dès quatre ou cinq ans, à une sorte de pré-grammaire : plutôt un sentiment des qualités grammaticales que des connaissances grammaticales, par des jeux de langage ;
– de préparer aux apprentissages et usages de la langue dans la vie sociale, qui implique, comme nous l'avons évoqué plus haut, « le proche » et « le lointain ».

Stratégies de l'adulte

Que peut-on dire du discours de l'adulte à l'école maternelle ? Il recouvre à la fois la langue que l'on utilise pour se parler à tout instant et les moments particuliers consacrés aux activités centrées sur le langage. Les critères « idéaux » d'interactions adulte-enfant qui ont été résumés dans les pages précédentes restent les mêmes. Nous retrouvons particulièrement :
– écouter l'enfant, essayer de comprendre ce qu'il dit ;
– reprendre ce qu'il vient de dire, en précisant le sens, en imitant mais améliorant la forme ou en donnant la « bonne forme » qui corrige les erreurs qu'il a pu faire ;
– répondre autant qu'on le peut, en approuvant, en réalisant la consigne demandée, ou en expliquant qu'on ne peut pas le faire ; mais répondre, ne pas faire la sourde oreille ;
– ne pas hésiter à commenter largement la situation en cours. Dire, se répéter, redire sous une autre forme, pas trop vite, comme pour donner à tous le temps de bien comprendre ;

– adapter le vocabulaire, la complexité syntaxique au niveau de compréhension de l'enfant ;
– introduire du nouveau (des mots, des tournures), saisissant toute occasion d'enrichir le stock de l'enfant, en soulignant des analogies, en rappelant des connaissances communes (une histoire déjà racontée, ce que l'on a vu en promenade, etc.) ;
– user de tous les moyens non linguistiques qui facilitent la communication et favorisent l'attention et la compréhension, comme nous l'avons déjà vu : intonation chantante, rythme accentué, gestes, insistance, mimiques, espace de la communication, emphase ;
– l'usage de questions doit s'inscrire dans le jeu commun pour récupérer l'attention qui s'égare, créer du suspens ; mais proscrire les questions qui mettent en difficulté ou les questions systématiques ;
– penser constamment : *il est normal que l'enfant fasse des fautes* (de prononciation, de sens, de grammaire), on ne va ni s'en moquer, ni les critiquer négativement :
• « On ne dit pas… » ;
• « Je t'ai déjà dit trente-six fois que ce n'est pas "rapli" mais : "parapluie" », ni forcer systématiquement l'enfant à redire correctement le mot qu'il vient d'estropier. Laisser les enfants s'exprimer tant qu'ils le veulent sans reprendre toutes leurs « fautes », ce qui ne signifie pas les ignorer ou les négliger. On ne peut toutes les reprendre : les enfants sont nombreux et pour la plupart il est normal de ne pas prononcer correctement les mots de trois syllabes, par exemple. On va simplement, de temps en temps, reprendre ce qu'a formulé un enfant en le disant correctement, en insistant un peu, en répétant. Et parfois, lorsque l'enfant grandit (quatre, cinq ans) et qu'on le sent prêt, lui demander à lui, personnellement : « Essaie avec moi, tu peux le dire maintenant : "pa-rapluie". »

Cette dernière consigne aide à comprendre que l'activité de langage a obligatoirement recours, à certains moments, à de brèves interventions personnalisées. Pour cela, il faut bien connaître les possibilités de chaque enfant. Connaître aussi cette règle constante : on peut faire acquérir à l'enfant quelque chose de nouveau s'il y est juste prêt, sur le point de savoir le faire ou le dire. Inutile de le forcer à enchaîner trois syllabes de suite s'il n'y est pas prêt. C'est vrai pour les sons, les mots, la grammaire :

> On en a une démonstration absolue lorsqu'on propose à l'enfant un test de répétition de phrases qui a été très finement étudié et mis au point par A. Khomsi (1981). Il s'agit d'un test et non d'une situation scolaire courante.
> L'enfant doit répéter des énoncés de dimension et de complexité croissantes. Au début, deux mots (une girafe, son journal, le catalogue…), puis des phrases présentant différentes variantes de complexité. On note alors que la plupart des enfants ont tendance à simplifier. Ce qu'ils répètent correspond à peu près aux énoncés qu'ils produiraient spontanément. Par exemple, lorsqu'il s'agit de mots :
> – *la confiture* donne : *fitu* ou *a fifitu,*
> – *ma brioche* donne : *biro, briroche, a brio de moi.*
> Ces répétitions montrent souvent où en est l'enfant pour la construction de certaines formes grammaticales, par exemple :
> – « Veux-tu du chocolat ? » est à peu près toujours répété : « Tu veux du chocolat ? » (avec intonation interrogative), ce qui est la forme la plus couramment utilisée par l'enfant.
> – « Maman achètera du pain » donne lieu à bien des tâtonnements pour traduire ce futur (l'enfant ne possédant pas encore le futur en « *R* ») : « Maman i va cheter du pain », ou : « Maman l'achète… »

L'observation des interactions verbales en maternelle montre que le langage adressé à l'enfant diffère peu du langage que lui adressent les parents : phrases courtes, peu de complexité, mais les recherches systématiques montrent que le vocabulaire du maître est un peu plus complexe que celui des parents.

Certaines études présentent une analyse des types de prise de parole de l'enseignant[1]. Il s'agit de :

---

1. Nous empruntons ces données à : M. Bastoul, « À propos de l'apprentissage de la langue maternelle avant six ans en milieu préscolaire », *Rééducation orthophonique*, 1974, 11-52. L'étude porte sur des enfants de cinq à six ans, dans des classes de milieu socio-culturel moyen ou faible, avec environ trente enfants par classe.

– question à l'ensemble de la classe ou question personnalisée,
– reprise de l'idée de l'enfant,
– appréciation positive des propos de l'enfant,
– compliments personnalisés ou remarques personnelles,
– interruptions, impatiences.

Ces prises de parole montrent que le maître réalise intuitivement les formes d'interactions verbales qui ont été citées.

Quant au langage produit par l'enfant, tous les observateurs s'accordent sur le fait qu'un tiers seulement des enfants intervient au cours des séances de langage, souvent quatre ou cinq enfants, toujours les mêmes. Nous reviendrons sur ce point.

Selon l'âge de l'enfant

L'attitude du maître évolue aussi avec l'âge de l'enfant. Les objectifs ne sont pas les mêmes avec les tout petits et avec ceux qui, à cinq ans, sont censés parler et vont bientôt aborder la scolarité primaire.

Avec les plus jeunes on se situe au moment où l'enfant continue d'apprendre à parler, à son rythme. Il s'agit surtout de l'intéresser, de l'inciter à participer, à prendre sa place dans les échanges, à dialoguer. On ne vise alors aucune norme en fait de langage. L'enseignant doit être particulièrement attentif à chaque enfant, s'entraîner à comprendre le langage des petits, leur montrer qu'ils ont compris, redire comme dans les modèles d'interactions adulte-bébé et adapter son propre langage.

Puis viennent les années où tout se mêle : finir d'apprendre à parler et acquérir un bon langage, un langage qui permette d'entrer dans les apprentissages scolaires, d'être prêt pour l'écrit. Les enfants de trois ou quatre ans font d'innombrables « fautes ». C'est bien normal : la langue leur tend des tas de pièges et, s'ils ne faisaient plus de fautes, ils auraient fini d'apprendre à parler !

Comment les prendre ? Nous avons vu qu'on ne peut reprendre systématiquement les fautes : interrompre ce qu'il est en train de raconter coupe l'initiative et lorsqu'on demande à l'enfant de redire un mot correctement il est bien rare qu'il retrouve le fil de ce qu'il racontait : il s'efforce peut-être de mieux prononcer mais la communication est interrompue. De plus, dans une activité de groupe, on interromprait continuellement si l'on s'acharnait à reprendre chaque « faute ».

C'est une position intermédiaire qui convient. Enchanté qu'un enfant se lance dans une explication ou raconte une histoire, on laisse se dérouler le récit tant que rien n'entrave la compréhension. Lorsqu'on estime bon de s'immiscer dans le jeu, on adopte un ton intéressé, comme pour demander une précision ou souligner l'intérêt porté à l'histoire et non avec le ton critique que les enfants entendent trop souvent (« Non, j'ai dit cent fois qu'on ne dit pas : un chevau... »). Essayer d'utiliser la « faute » avec une certaine complicité dans une reprise-correction, parfois suivie d'un commentaire :

– l'enfant : Je dessine une grande zoreille...
– l'adulte : Tu dessines une grande oreille ? Fais nous voir l'oreille...

ou :

– l'enfant : Je lui tire la langue pour i rigole !
– l'adulte : Pour qu'il rigole ? Il rigole quand tu tires la langue ?

C'est dès trois ou quatre ans aussi que l'enfant automatise facilement les éléments du « *langage social* » que sont les : merci, non merci, s'il vous plaît, pardon, oui Madame, etc. Non que cette éducation de politesse s'acquière uniquement à l'école. Mais là tout facilite ces acquisitions : la tendance à imiter, à faire comme les autres, un certain respect pour la maîtresse, la ritualisation de nombreuses habitudes qui sont le tissu même de la discipline – ou de l'ordre – dans la vie d'une classe. On apprend ces mots, mais aussi des consignes essentielles :

– on ne hurle pas, on parle,
– on ne coupe pas la parole,
– chacun à son tour,

– on attend que l'autre ait fini,

bref, les règles de la vie commune.

On pourrait alors penser qu'à cinq ans tout est réglé ! Si vous écoutez une bande d'enfants « normaux » ou, disons, dont le langage s'est développé normalement, un petit groupe autour d'une activité commune, vous notez bien que chacun parle, fait des phrases, se fait comprendre. Il n'emploie cependant pas tout à fait le langage comme nous. De nombreuses phrases sont inachevées, le plus souvent elles sont juxtaposées. Les marques de complexité font défaut. Vous relevez des fautes par-ci, par-là dans les formes ou les accords de verbe (« Pourquoi vous disez rien ? »). Il y a aussi quelque chose d'abrupt dans le discours de l'enfant. Il ne maîtrise pas l'usage de ces mots de remplissage grâce auxquels les énoncés s'enchaînent, tombent bien, toutes ces formules objectivement inutiles sans lesquelles le discours manque de fluidité :

– de toutes façons, du reste, en effet, en fait, vraiment, aussi, tu vois, je crois, cependant, de plus, d'une certaine façon, on peut dire, en ce moment…

Entre cinq et six ans l'enfant se débrouille avec :

– et, alors, et puis, alors tu sais, tu sais pas ?, et ben.

Il va gagner en souplesse jusqu'à huit ou neuf ans.

Avant de quitter l'école maternelle, je propose deux thèmes qui mériteraient de plus longs développements.

Les exercices collectifs

Que penser des exercices collectifs de langage en maternelle ? Chacun sait que seuls les enfants les mieux doués pour parler participent activement à ces moments. À l'autre extrême, ceux qui auraient vraiment besoin d'être aidés ne se manifestent guère ; la plupart sont « ailleurs », n'écoutent pas, ne comprennent pas… de toutes façons le discours n'est pas au niveau qui leur conviendrait.

Tous les vrais choix pédagogiques se posent déjà : les moments de langage vont-ils continuer à entraîner les plus favorisés ? Choisit-on de se situer à un niveau moyen qui convienne à un bon nombre sans tenir compte des variantes individuelles ? A-t-on la possibilité de constituer des groupes de niveau ? De consacrer le temps nécessaire à ceux qui en ont le plus besoin ? À ce moment-là, comment renforcer le nombre de maîtres ? Comment assurer à chacun une formation particulière qui rende ces interventions aussi positives que possibles ? Certains pédagogues ont apporté des réponses à ces interrogations qui se posent avec acuité à tous les enseignants[1].

Le livre

Aucune allusion au livre jusqu'à cette page. Certains ont pu s'en étonner ; à juste titre, car il faudrait bien consacrer un ouvrage entier à la place du livre[2] dans l'éveil du tout-petit, dans ses contacts avec l'adulte, dans la construction du langage et dans l'apprentissage de la curiosité.

Lorsqu'on voit en consultation de jeunes enfant qui ont des difficultés pour parler, l'idée du livre se glisse toujours, parmi d'autres conseils, dans les bavardages que l'on a avec les parents :

— Avez-vous l'habitude de lui raconter des histoires ?
— A-t-il des livres que vous regardez ensemble ?
— Avez-vous l'habitude de lui lire un petit livre le soir, en le couchant ?

Ces questions étonnent bien des parents, quel que soit leur milieu. Les parents peu instruits qui eux-mêmes n'ont pas de

---

1. On peut citer les activités de formation et de recherche que propose l'Asforel (Association de formation et de recherche sur le langage) à l'initiative de Laurence Lentin, dont les publications sont bien connues des enseignants depuis *Apprendre à parler à l'enfant de moins de six ans. Où ? Quand ? Comment ?*, Paris, ESF, 1972.
2. Document vidéo : Aimard P., Bazin F., *Le livre... dès la naissance*, Association pour la promotion de l'orthophonie, BP 8026, 69352 Lyon, cedex 08.

livres ou ne font que parcourir des magazines n'ont absolument pas l'idée que l'enfant pourrait avoir des livres et s'y intéresser autant qu'à ses jouets. Le livre d'enfant est aussi ignoré par bien de parents qui sont eux-mêmes instruits, voire cultivés, qui ont l'habitude de lire. L'idée les surprend. Certains la repoussent : lui acheter des livres ? Non, il déchirerait tout, il est bien trop instable ou agité ! On en achètera quand ça l'intéressera. Ainsi, pour différentes raisons le livre n'a pas droit de cité chez tous les enfants.

Nous aimerions tant prendre ces parents par la main et leur faire découvrir les merveilles que réalise l'édition de livres pour enfants ! Dans la première librairie venue, au rayon enfants de la bibliothèque voisine, ils trouveront exactement ce qui convient à chacun :

- tous les formats, du plus petit qui tient dans le creux de la main au livre géant qui montre tant de détails drôles ;
- tous les supports : toile plastifiée que l'on peut laver, plastique qui peut aller dans le bain, carton fort et même bois qui résistent à tous les mauvais traitements, vrai papier, avec la magie des images animées ou le plaisir des pages où la main explore que c'est doux, lisse, uni ou rugueux ;
- tous les sujets. Pour tous les âges. Les parents qui n'ont pas su choisir de livres manquent d'idées et demandent souvent qu'on leur donne des titres. Il est facile de les conseiller et de leur montrer des exemples ;
- tous les mélanges image-texte : l'image seule pour les tout-petits (l'image + le nom, dans les imagiers), une utilisation toute simple de l'image puis tant de variantes ;
- tous les genres : livres de la vie quotidienne, ceux qui font rêver, ceux qui instruisent.

Avant l'entrée à l'école, le livre fait partie de la vie de certains enfants au même titre que les jouets. D'autres n'en ont jamais vu ou jamais manipulé. La familiarité avec le monde des livres est déjà très inégale et l'on voit se préparer, dans un avenir proche, les inégalités devant la lecture.

J'ai souvent raconté la réaction d'une maman de milieu relativement modeste qui présentait à l'une de nos consultations de langage son fils de trois ans qui ne parlait à peu près pas. Comme avec d'autres, à la fin de la consultation, en bavardant, nous avons glissé l'idée d'acheter un livre, de le raconter ensemble. Pendant que nous bavardions ainsi, l'enfant se trouvait tranquillement installé à une table basse, à nos côtés, et, avec une étudiante-stagiaire, se passionnait pour un livre d'images. Quelques semaines plus tard, nouveau rendez-vous, nous les revoyons tous les deux. Le ton est complètement modifié. La mère, très sûre d'elle, nous explique d'emblée qu'elle ne reviendra pas : tout va bien, son fils commence à parler, il n'a plus besoin de nous (nous approuvons !). Elle ajoute, un peu donneuse de leçon : « J'ai eu l'idée de lui acheter des livres, et ça, je peux vous dire que ça l'intéresse ! » Elle a complètement oublié que nous en avions parlé mais l'idée a cheminé ; il va de soi que nous ne disons rien de ce drôle d'oubli. Elle nous signale même que nous ferions bien de le conseiller à d'autres parents ! Persuadée qu'elle est à l'origine de la bonne idée, des progrès de son fils, elle agit certainement avec beaucoup plus de dynamisme que si elle pensait tout bonnement suivre nos injonctions.

Le livre chez le tout-petit

Au début le livre est comme un objet, tout proche des jouets. Vient un jour où le livre est le lieu d'une rencontre : on le regarde ensemble, l'adulte tourne les pages, capte le regard, raconte. L'enfant est joyeux dans ces moments d'intimité : il regarde, jargonne, touche ou tape les pages. Il s'agit simplement d'une activité commune qui fait plaisir à tous les deux, dans laquelle le langage a une place.

J. Bruner et Ninio citent un exemple classique de « situation conjointe » dans leurs premières recherches sur les interactions mère-enfant. Un enfant de moins de dix-huit mois est assis sur le genoux de sa mère. Ils regardent ensemble un livre illustré que la mère tient devant eux :

La mère : Regarde !
L'enfant touche l'image.
La mère : Qu'est-ce que c'est ?
L'enfant sourit et vocalise.
La mère : Oui, ce sont des lapins !
L'enfant vocalise, sourit, lève les yeux vers sa mère.

La mère rit : Oui, des lapins !
L'enfant vocalise, sourit.
La mère l'approuve encore : Oui !

L'enfant ne dit absolument pas de mots, mais la mère continue à parler comme s'il répondait, créant une illusion de « lecture » commune. Elle fait comme si l'enfant disait le mot ou le comprenait. Elle prolonge l'attention de l'enfant, entretient l'habitude de trouver quelque chose d'intéressant dans un livre.

Les moments passés ensemble autour du livre sont positifs sur tous les plans. En premier lieu pour le langage. En faisant naître et en cultivant l'intérêt de l'enfant pour ce qui se trouve dans les livres. Une lointaine introduction à l'écrit.

Le tout-petit a bien d'autres contacts avec les livres. Dans un tout autre registre, dès qu'il est capable de ces mouvements fins, il adore tourner les pages des gros catalogues (regardez bien : il se lèche l'index puis tourne à pleine main : imitation comique par cette infime incohérence !). On l'autorise même à froisser ou déchirer certaines pages. Il y fait déjà des choix, il a ses préférences : certaines images exercent une attraction telle qu'il se débrouille pour les retrouver à chaque essai.

Il va encore, avec les livres, explorer tout un champ des interdits. À l'âge où il se déplace seul, grimpe, explore tout ce qui est à portée de main (les parents : « En ce moment, c'est la terreur ! »), il tombe immanquablement sur des livres qui ne sont pas pour lui. Il l'apprend très vite : « Non ! Non ! Pas toucher ! C'est mon livre, il ne faut pas l'abîmer, tu as tes livres à toi ! » L'occasion de distinguer des catégories : les livres d'enfants, ceux des adultes, et de poser des limites à ce qui est permis et défendu.

La familiarité des livres amène l'enfant à saisir très tôt que les caractères de l'écriture ne sont pas de simples petits dessins.

En pratiquant avec lui la lecture ou le commentaire des livres, l'adulte – qu'il en soit conscient ou non – favorise le langage de bien des manières. En disant de façon répétée les mêmes mots, les mêmes tournures, il enrichit et consolide le vocabulaire, il fournit des mots que l'on n'a pas l'habitude d'entendre dans la vie quotidienne. Dans un texte écrit apparaissent aussi des formes grammaticales peu employées dans le langage courant (le passé simple des contes en est le meilleur exemple).

Outre ces facteurs positifs pour le langage en général, lire des livres à l'enfant le fait entrer de plain pied dans le monde de l'écrit. Inutile de lui expliquer, le moment venu, à quoi servent les lettres et les mots qu'il va tracer. Il sait depuis longtemps que ces formes veulent dire quelque chose. Dès qu'il gribouille, l'enfant imite nos pattes de mouche et déclare qu'il « éki ». En adoptant les habitudes de l'école, il voit et reconnaît son prénom associé à son signe sur son étiquette, son porte-manteau, son classeur. Il repère bientôt le prénom des autres enfants de la classe. Il voit la maîtresse écrire son prénom et la date sur ses dessins, écrire certains mots au tableau ou sur des images. L'écrit prend sa juste place.

Le livre et les histoires aiguisent la curiosité de l'enfant, le font rêver, imaginer, s'identifier au petit ours ou au héros.

Avec des livres (certains livres) l'enfant décolle du réel et passe les portes de l'imaginaire. C'est une fonction du livre qu'il faut absolument respecter, voire cultiver. Je pense au caractère réductionniste de programmes d'entraînement au langage à partir du livre qui, dans l'esprit louable de se limiter à des formes simples et familières, choisissent uniquement des histoires de la vie quotidienne, avec les mots que l'enfant est censé apprendre en premier et dans tous les cas. Mais où rencontrera-t-il les autres mots ?

Aimant longtemps les livres anciens qu'il sait par cœur au point qu'il nous reprend au moindre écart, qu'il se les raconte parfois tout seul en suivant les images, l'enfant est attiré aussi par le charme des nouveaux, à contre-courant des goûts de l'adulte qui ne comprend pas l'engouement de toute une classe d'âge pour des héros affreux ou des histoires qui font peur !

À la maternelle, les enfants disposent en classe d'un coin-lecture où ils trouvent différentes formes de livres, de revues. La plupart leur ont été racontés et ils peuvent aussi les manipuler seuls lorsqu'ils choisissent cette activité ou ont terminé une autre tâche.

À l'école ou à la maison, l'enfant fait l'expérience que le livre n'est pas obligatoirement lié à une relation. Au début, c'est l'adulte qui raconte ou sert d'intermédiaire entre le livre et l'enfant, puis l'enfant dispose du livre par lui-même. Peu à peu s'affirme cette fonction essentielle du livre que l'enfant maîtrise lorsqu'il est assez autonome pour l'utiliser tout seul. Lire ou regarder un livre tout seul suppose une certaine liberté, une indépendance que tous les enfants n'arrivent pas à dominer. Certains restent immatures au point de ne pas profiter de cet usage du livre « pour-soi ».

Le livre est encore moyen d'échange entre l'école et la maison. Il circule. Il est prêté chaque semaine pour être regardé et lu à la maison. Une façon de faire participer les parents qui n'ont pas l'idée de le faire par eux-mêmes. Un lien entre les deux milieux de vie de l'enfant.

En primaire

Nous allons faire l'impasse sur cette étape majeure du début de la scolarité : apprendre à lire. Bien des ouvrages ont été consacrés à cet apprentissage et à ses difficultés. Tout ce que l'enfant a élaboré jusque-là, chez lui et à l'école maternelle, converge au moment où il aborde la lecture.

Même si l'écrit n'est pas maîtrisé par tous en fin de CP – il s'en faut –, on ne parle plus d'acquisition du langage mais d'*enseignement du français*, englobant oral et écrit, qui sont indissolublement liés. Tenant compte de tout ce que l'enfant a déjà élaboré à six ans, on voit bien qu'il ne s'agit pas de lui apprendre le français qu'il utilise déjà, plus ou moins bien, mais de compléter, structurer et enrichir ce qu'il a déjà acquis. Il va finir d'apprendre à parler, à bien parler, à parler complètement.

Depuis les années soixante-dix, il a été stipulé aux maîtres que l'enseignement du français ne se limite pas à l'aspect linguistique ou normatif de la langue (certes non négligeable) mais qu'il s'agit aussi « d'aider l'enfant à communiquer et à penser ». C'est très bien, mais quel programme ! Voilà donc trois grands axes : langage-communication-pensée. Réservant de consacrer quelques lignes à « pensée » un peu plus loin, voyons ce doublet qui introduit bien des malentendus : langage-communication.

« Langage », dans les programmes scolaires, signifie plutôt tradition et formalisme, alors que « communication » évoque une attitude plus moderne. Dans les classes d'antan, on songeait à apprendre des choses à l'enfant plus qu'à communiquer avec lui. L'idée de communiquer a fait sa percée il y a une vingtaine d'années pour devenir l'un des thèmes omniprésents – l'une des obsessions – des mentalités d'aujourd'hui.

Thème présent à l'école évidemment ; il faut être précis sur la place de la communication par rapport à l'enseignement de la langue. L'enfant n'a pas attendu d'être en primaire pour communiquer. L'école n'a pas plus à lui apprendre la communication que le langage : l'un et l'autre ont déjà une certaine cohérence chez l'enfant de six ans. L'école donne l'occasion à l'enfant de communiquer, de le faire de façon plus conforme aux habitudes de son groupe de vie, en situant mieux les participants (les relations, les hiérarchies). Jusqu'à maintenant il est rare que l'on propose aux enseignants un programme de « communicologie » ! L'imposer me semblerait aller à l'encontre de toute spontanéité, mais le thème fait l'objet de nombreuses études tant est pressant le besoin contemporain de communiquer et tant l'image du bon communicateur évoque celle du gagneur[1].

---

1. Dès 1974 G. Leroy propose une « méthodologie de la communication » axée sur la communication efficace dans les différents types de situations qui peuvent être fournies à l'enfant ainsi que sur des activités réflexives (analyser comment fonctionnent différentes situations de communication). Thèse de doctorat de l'Université de Liège (1975), résumée dans : « Enseignement du français, langue maternelle », *Éducation*, 1976, 158, 9-24.

Communication et langage ne sont pas synonymes, mais ils ne sont pas non plus deux volets différents des activités scolaires, comme si l'on pouvait consacrer un moment à l'enseignement du langage, un autre à la communication. Tous deux sont intriqués, complémentaires.

Au risque d'énoncer des lapalissades, on peut dire que « communication » comme « pensée » fait corps avec le langage, se situe en amont, en aval et aussi en plein dedans. Ce que vous faites avec l'enfant passera mieux si vous créez un climat de communication positif, si vous donnez des consignes vivantes qui entrent de plain pied dans son champ d'intérêt et l'invitez de façon encourageante à chercher puis à répondre. Le climat de communication est positif avant, pendant, après. Il n'est cependant rien si vous ne l'utilisez pas pour faire passer message, consigne, nouvel apprentissage.

« Aider l'enfant à communiquer » est une consigne à conséquences multiples. Créer un climat de communication positif favorise les apprentissages et entraîne aussi l'enfant à communiquer, à imiter certains modèles de communication, lui ouvre de nombreuses possibilités.

Communiquer

Le thème a déjà cheminé depuis l'école maternelle. La classe est un lieu de dialogue : on écoute le maître, les enfants sont écoutés. Ce qui ne signifie pas bavardage, chahut, cacophonie. Communiquer est aussi prendre l'habitude des règles du dialogue : parler à son tour, écouter autrui et tenir compte de ce qu'il vient de dire. Dialogue adulte-enfant et aussi dialogue des enfants entre eux.

Apprendre à communiquer est aussi entraîner l'enfant aux prises de parole, à l'exposé oral : raconter qu'il a fait, un événement, une lecture ou ce qu'il a appris.

Il est rarement opportun d'interrompre l'enfant au milieu d'une intervention orale pour reprendre des incorrections de langage ou des erreurs de texte. Lorsque l'enfant prend la parole, on aimerait qu'il le fasse en utilisant une langue aussi bonne qu'il le peut. S'il y arrive difficilement, c'est l'occasion de lui faire remarquer que les autres ne comprennent pas bien ou qu'il devrait être plus précis pour qu'on suive mieux son histoire : « C'est intéressant ce que tu racontes, mais je n'ai pas bien compris ce que tu viens de dire, tu veux essayer de le redire lentement ? », ou : « Finis la phrase, on comprendra mieux. »

L'idéal est que l'enfant arrive à s'exprimer en articulant correctement, avec des mots précis, des phrases achevées, sans erreurs grammaticales, de façon pas trop incohérente, sans gesticulation, dans un registre de langage « correct », c'est-à-dire ni artificiellement recherché (c'est rare !), ni trop relâché, voire vulgaire. Ce n'est pas imposer des contraintes surannées. Il peut simplement apprendre ainsi qu'il lui est possible d'adopter différents registres de langage : celui-ci est différent de ce qu'il hurle dans la cour de récréation !

C'est l'entraîner à écouter des textes enregistrés, à saisir des messages, à les résumer. Nous l'avons évoqué dès l'école maternelle : « communiquer avec le proche et le lointain », c'est-à-dire s'habituer aux moyens de communication d'aujourd'hui dans des formules non figées puisqu'il s'agit de s'adapter aux changements rapides et constants des moyens de diffusion, qu'ils soient écrits, oraux ou informatisés.

Il est souvent bon que le maître possède un bagage théorique sur les modèles de la communication avec les notions schématiques d'émetteur, de récepteur, de canal, etc. Ces modèles, un peu vieillots aujourd'hui, sont bien mécaniques, mais des connaissances théoriques peuvent aider à analyser le fonctionnement des situations de communication courantes, que l'on possède ou non le don d'induire ou d'être à l'aise dans ces situations. Communiquer est un don autant qu'un art. Vous pouvez certainement tous citer d'excellents « communicateurs » qui n'ont jamais entendu parler de « cummunicologie » !

L'idée semble une évidence et cependant l'ouverture à la communication dans le fonctionnement d'une classe met en question l'attitude personnelle de l'enseignant dans des domaines multiples : permettre ces prises de parole vient concurrencer l'ordre, la discipline, le plan préparé. Comment encourager les prises de parole et éviter le chahut ? Comment reprendre la parole ? Est-on assuré de tenir assez bien la classe pour, après les digressions permises, revenir au sujet que l'on traitait ? Quels écarts supporte-t-on par rapport à un projet préparé ? Un équilibre est à trouver entre « organisé-improvisé » et « liberté-autorité », selon ses possibilités et le style de pédagogie qu'on a choisi.

Il faut bien savoir aussi que s'entraîner à communiquer est une chose, une bonne chose, mais que cela ne modifie nullement la qualité du langage qui véhicule le message. Les qualités de communication n'ont pas grand-chose à voir avec le niveau et la qualité de la langue[1]. S'exercer à communiquer ne dispense pas du tout d'apprendre le français !

Enseigner le français

L'une des grandes tâches de l'école primaire est d'amener l'enfant à parler, lire et écrire sa langue à un niveau aussi bon que possible. Particularité de cet enseignement : il opère à partir d'une construction déjà en partie élaborée. L'enfant de six ans a déjà un langage, il a construit un vocabulaire, utilise des formes grammaticales, une syntaxe… il fait du français sans le savoir comme en son temps Monsieur Jourdain faisait de la prose. Il s'agit de compléter, d'enrichir, de mettre de l'ordre dans des acquisitions déjà plus ou moins largement amorcées.

On s'appuie sur ce que sait l'enfant. Il n'est pas question de faire apprendre les formes irrégulières des verbes à un enfant de six ans, mais en étant attentif on va simplement le reprendre quand il dira :

1. Peytard J., Genouvrier E. : « Il ne saurait y avoir de développement harmonieux de la communication linguistique sans un enseignement systématique de la grammaire. » (*Linguistique et enseignement du français*, Paris, Larousse, 1972.)

— Tu veniras.
— Pourquoi vous disez rien ?
— L'a deux cheval...

Enseigner le français à un enfant qui parle français est une tâche simple, qui nécessite de la part de l'enseignant un projet précis et le respect de quelques idées qui sont somme toute assez banales :

- projet précis : suivre la progression qui correspond au programme scolaire de la classe ;
- tenir compte de ce que dit l'enfant, partir de ce qu'il produit, en le reprenant, ou en le redisant correctement. C'est alors qu'interviennent les différences individuelles et que commencent les difficultés. Nous retrouvons les mêmes thèmes qu'à l'école maternelle

Même si le maître s'efforce de donner la parole à chacun, c'est toujours le même petit noyau d'élèves qui participe. Comment faire avec les autres ? Écouter l'enfant, repérer ses fautes, les reprendre, ne peut donner lieu qu'à des interventions individuelles, gouttes d'eau dans la mer, mais bien utiles tout de même. L'effectif des classes ne permet pas d'apporter autant qu'on le voudrait à chacun.

C'est aussi l'évaluation des possibilités de chacun qui est gênée par les effectifs chargés. Il serait en effet souhaitable que le maître puisse estimer le niveau de langage de chaque enfant au cours des premières semaines qui suivent la rentrée (deux semaines disent la plupart des livres de conseils... mais comment faire ?), d'une part pour cet ajustement qu'il doit opérer en fonction des possibilités de l'enfant et d'autre part pour apprécier les progrès qu'il va faire :

- s'adapter au niveau linguistique de l'enfant. Comme lorsqu'il était plus jeune, on ne peut efficacement lui faire produire ou répéter des formes d'une certaine complexité que s'il est capable de les produire ou juste sur le point de le faire ;
- essayer de faire répéter des énoncés qui comportent certaines complexités comme :

— J'ai un copain dont le père est facteur[1].
Les enfants de sept ou huit ans vous diront toutes les variantes possibles, montrant qu'ils comprennent très bien la phrase :
— Mon copain, son père, il est facteur.
— J'ai un copain, le facteur... le facteur son père.
— J'ai un copain que son père est facteur.
Mêmes tâtonnements avec des phrases comme :
— Maman a dit que je mette ma veste.
— Nous goûterons les cerises que maman a cueillies.

Le vocabulaire

Les mots vont gagner en précision. Jusque-là l'enfant n'a connu les mots qu'à l'oreille, avec souvent le flou articulatoire de sa pratique personnelle. Le mot devient une forme précise, tant dans son articulation que dans son écriture ; l'acquisition de l'écrit permet de montrer avec plus de netteté des caractéristiques formelles que l'enfant n'avait pas perçues auparavant.

Dire que l'on va enrichir le vocabulaire est une banalité. Mieux vaut voir comment s'y prendre :

- privilégier la précision contre le flou. Beaucoup d'enfants dont on dit qu'ils n'ont pas beaucoup de vocabulaire, s'ils sont bavards, se débrouillent pour raconter tout de même leurs histoires avec un fatras de « truc », « machin », « chose ». Il arrive qu'au bout du compte personne n'y comprenne rien. Tâche délicate : les encourager à parler et à raconter, mais leur faire saisir que s'ils ne disent que « truc » et « machin » personne n'y comprend rien. La démarche a des analogies avec celle des parents dont les petits commencent à assembler quelques mots : il s'agit d'essayer de comprendre et de dire – ou traduire – en vraies phrases ;
- partir d'un thème que l'on étudie et qui intéresse la classe, et autour de ce thème apporter des mots que les enfants ne connaissaient sans doute pas tous ;

1. Énoncés empruntés au test déjà cité de A. Khomsi (Khomsi, 1981).

– entre exercices et jeu. Les exercices de vocabulaire systématiques ont été honnis parce que routiniers, imposés. Il suffit d'un brin d'idée pour proposer ces exercices comme des jeux. Tous les enseignants savent présenter sous forme de jeu : chercher des mots de la même famille que... ; les mots qui signifient le contraire de..., les synonymes, les homonymes. Il ne s'agit pas d'artifices ; les enfants eux-mêmes ont maintes occasions de constater que les adultes – certains – tirent beaucoup de plaisir de jeux tout à fait proches, que ce soit lors d'émissions télévisées, en jouant au Scrabble ou en se plongeant dans les mots-croisés, fléchés et autres.

Un point est rarement abordé lorsqu'il est question de vocabulaire. Au début de la scolarité l'enfant est confronté à tout un vocabulaire et à des systèmes de signes qu'il ne rencontre nulle part ailleurs et que généralement personne ne va lui expliquer très clairement. Je ne parle pas du jargon ludique qui se constitue dans toute communauté d'âge (les infinies variantes de « jouer à chat », les noms sacrés et jalousement conservés des billes : terre, flamme, feu, paillette, boulet...), mais du jargon scolaire : marge à gauche, sauter une ligne, tirer un trait, écrire en retrait, ôter, ajouter, je pose et je retiens... Auxquels s'ajoutent toutes les conventions propres à chaque enseignant. J'ai souvent été troublée de constater qu'après deux ou trois ans de scolarité certains enfants ignoraient totalement le sens de la plupart de ces consignes. Les tâches qu'on leur demande quotidiennement, même si elles sont simples, doivent la plupart du temps baigner dans un flou que nous imaginons mal. Pensez aussi aux signes sybillins que les enfants trouvent, en rouge, dans les marges de leurs cahiers. Signes qui changent du reste souvent d'une année à l'autre. Explique-t-on bien que A et B n'ont pas tout à fait le même sens selon qu'ils appartiennent à la série : A, B, C, etc., ou à AB, B, TB ? Voilà un problème de communication : s'assurer que l'enfant comprend les commentaires que l'on écrit sur son cahier. Rappelez-vous l'histoire d'Aurélien qui, au CE1, m'expliquait, un peu déçu, que la maîtresse mettait « of » ou « bof » dans les marges de ses dictées alors qu'il avait tout simplement « o » pour zéro, « f » pour faute !

Grammaire et syntaxe

L'enfant qui arrive de la maternelle n'est pas tout à fait débutant en grammaire et en syntaxe : il a appris à manipuler des étiquettes de mots ou des images qui se rangent dans un certain ordre. Il a fait des jeux qui l'ont préparé au genre et au nombre. Certains savent la différence entre : hier-aujourd'hui-demain.

Ces premières notions vont être relayées par ce que l'enfant construit au CP en apprenant à lire. Il apprend que :

- certaines lettres ne se prononcent pas à la fin d'un mot, mais qu'il faut y prêter attention ;
- la terminaison des mots doit retenir toute l'attention : le « *e* » du féminin, le « *s* » du pluriel, les finales des verbes ;
- des mots accompagnent le nom et, comme lui, souvent se terminent par « *s* ».

Au Cours élémentaire on fait un pas de plus : indicatif présent, futur simple, passé composé. Vous remarquez tout de suite que, ces temps, l'enfant les emploie spontanément depuis longtemps. Il ne s'agit pas pour lui d'apprendre des nouveautés, chaque temps de verbe, avec la succession des différentes personnes, comme une abstraction, comme des formules rabâchées, mais simplement de mettre de l'ordre dans des formes qu'il connaît, qu'il emploie, qu'il rencontre souvent et dont l'enchaînement va de soi. En récitant le futur simple du verbe *chanter*, il ne fait que récapituler ce qu'il emploie et se donner un modèle de référence auquel il se conforme, sans même avoir à réfléchir, pour d'autres verbes.

Les « fautes » que font les enfants de sept ou huit ans ne portent pas sur les formes régulières (ils les maîtrisent depuis si longtemps) mais sur les limites, sur les formes irrégulières dont l'apprentissage systématique intervient généralement un peu plus tard.

Des « modernes » ont voulu convaincre qu'il faut amener l'enfant à saisir intuitivement les relations grammaticales, le tenir à l'écart des définitions et des règles grammaticales. Voilà qui semble un peu infantiliser l'enfant, sous-estimer ses capacités[1]. Si on le lui apprend dans le fil de la langue, comment pourrait-il être gêné de savoir le nom des formes qu'il emploie ? S'il produit couramment des futurs en *R*, comme c'est le cas de la plupart des enfants de six ou sept ans, savoir que cette forme s'appelle « futur » semble plus pratique que gênant et ne risque pas de surcharger ses connaissances. De même pour les mots qui accompagnent le nom : les *petites* filles, de *grandes* oreilles, la *jolie* maison... : « adjectif qualificatif » apporte à l'enfant une grande classe qu'il est tout à fait capable de généraliser pour peu qu'on l'y entraîne.

Penser

Les consignes précisent aussi : « aider à penser ». Revenons à la petite enfance. Lorsqu'il a deux ou trois ans, l'enfant commente de son bavardage tout ce qu'il est en train de faire. En grandissant, il s'habitue à ne plus dire à haute voix tout ce qui lui passe par la tête, ou disons, tout ce qu'il pense dans sa tête. La vie collective, à l'école, l'entraîne aussi à cette intériorisation de la pensée.

> Vous avez certainement été témoin de petites scènes comme celle-ci. À l'école maternelle, des enfants qui ont autour de trois ans commencent à maîtriser une situation collective de langage (ils écoutent, parlent quand on le leur demande, « pensent dans leur tête » et non plus à haute voix) mais il leur échappe encore souvent des commentaires à haute voix, comme quand ils étaient petits. La classe est réunie autour de la maîtresse qui commente une image familière. Il y a de bons échanges, un jeu de questions-réponses pendant lequel les enfants sont très présents.

1. La même tendance à infantiliser se retrouve dans d'autres disciplines. Parmi les jeunes enfants qui font de la musique, certains bénéficient (si l'on peut dire !) de méthodes dites « adaptées aux enfants » qui présentent une version édulcorée du langage musical dans l'espoir de ne pas rebuter l'enfant. J'ai le souvenir d'un garçon qui peinait depuis des mois dans un monde tout à fait irréaliste où les notes sur la portée étaient de petits oiseaux qui se posaient ici et là. Découragé par ce flou artistique, il finit par demander : « Pourquoi Hélène veut pas m'apprendre le nom des notes ? »

Alors que tous sont attentifs au thème commun, on entend, par-ci par-là :
— Moi, ma chaise, elle est bleue.
— Qu'est-ce qu'y a là ? (Montre un objet dans la cour.) Qu'est-ce qu'y a là je vois ?
Ce sont des restes de pensée à haute voix.

L'un des apprentissages de l'école est que l'enfant doit respecter cette règle : garder dans sa tête, ou se dire à lui-même, les idées qui n'ont rien à voir avec l'activité en cours.

On a tant écrit sur pensée et langage ! L'idée que nous pouvons nous faire de la pensée de l'enfant n'est pas très nette tant qu'il ne parle pas. Lorsqu'il commence à parler, il est tout proche du concret, ce qui nous permet de mettre en langage ce qu'il essaie d'énoncer, nous l'avons vu lorsque le discours de l'adulte interprète, précise et met en mots corrects les premières productions de l'enfant. Le langage de l'adulte explicite, donne des mots, précise ce que l'enfant ébauchait. L'adulte joue longtemps ce rôle : faire cadrer langage (langage courant) et pensée (pensée de l'enfant qui s'exprime comme elle peut).

Vous connaissez ces scènes, courantes chez tous les enfants : il rentre de l'école, apparemment content de sa journée ; l'adulte voudrait bien savoir ce qu'il a fait : « Ça s'est bien passé ? Qu'as-tu fait cet après-midi ? » ; aucune réponse, ou : « Rien », ou : « Sais pas ». Les échanges tournent court dans bien d'autres situations : l'enfant rentre d'un goûter d'anniversaire : rien ; il revient d'une sortie avec l'école : rien ; de même, à l'école, il rentre de vacances, que va-t-il raconter ? Rien.

Il ne s'agit ni de dérobade, ni de manque de mémoire. Il a certainement en tête des détails, des images, des souvenirs, mais il ne sait pas comment les dire ni par quel bout s'y prendre pour raconter. C'est là que l'adulte peut lui montrer le chemin des mots. Non pas en le harcelant de questions, mais en instaurant un commentaire dans lequel l'enfant peut se glisser et trouver quelques modèles pour dire, faire partager, une part des idées qui se bousculent dans sa tête. Il ne sait pas du tout raconter ce qu'il a fait à l'école cet après-midi... essayez les pistes possibles :

— Vous avez sûrement fait des dessins ?
(Oui de la tête.)
— Vous avez dessiné avec les feutres ?
(Non de la tête.)
— Avec des peintures, alors ? C'est formidable !
Et qu'est-ce que tu as dessiné ? Une maison ?...

L'attitude est la même à l'école autour d'un centre d'intérêt. L'adulte fournit beaucoup plus de langage que les enfants. Il met sur la voie, il fournit des modèles :

— Comment elle est cette feuille ?
— Elle est régulière, avec des petites dentelures tout autour.
— Et celle-ci ? Est-ce qu'elle a la même forme ?
— Là, le bord est lisse.

Le commentaire apporte des mots, des mots précis (l'enfant ne les connaît peut-être pas tous, c'est l'occasion de glisser du nouveau), le langage aide à regarder, à observer, à nommer ce qui est repéré, à apprendre.

Je propose cet autre thème autour de « pensée et langage » : chacun a des « habitudes mentales »[1], des façons de penser qui lui sont propres. On tient peu compte de ces différences individuelles lorsqu'on parle de jeunes enfants, comme si tous étaient censés suivre les mêmes schémas de progrès, sans nuance. Cependant, à voir les différences évidentes chez de grands enfants et lorsqu'arrive l'âge adulte, tout laisse penser que, dès les tout débuts, les fonctionnements ne sont pas identiques chez tous. Pour mieux saisir ces différences, essayer d'analyser comment on procède soi-même. Imaginer deux situations de la vie courante :

1. Devant un énoncé de problème dont vous ne trouvez pas la solution à la simple lecture, comment procédez-vous ?

- Vous le relisez tranquillement, en marquant des temps d'arrêt, en prenant le temps de réfléchir dans votre tête ?

1. On reconnaîtra certaines analogies avec A. de La Garanderie qui a de bonnes idées pédagogiques mais pousse un peu moins la systématisation, ce qui risque de rendre ses idées trop rigides.

– Ou, irrité de ne pas trouver de façon immédiate, vous l'attaquez avec plus de vigueur et vous mettez à le lire à haute voix en accentuant certains mots ou nombres comme si cette voix présentait un meilleur soutien pour votre pensée ?
– Ou encore vous vous précipitez sur un crayon et vous mettez fébrilement à gribouiller des opérations ou des schémas ?

2. Autre situation : vous devez suivre le plan que je vous ai adressé pour venir déjeuner à la campagne. Comment faites-vous ?

– Un coup d'œil vous suffit, c'est enregistré, vous vous retrouverez et vous chiffonnez le papier dans votre poche ?
– Vous vous efforcez de prévoir l'itinéraire en suivant sur le plan, avec le doigt ou la pointe d'un crayon, vous réfléchissez aux carrefours, aux embranchements douteux, vous recommencez si vous n'êtes pas sûr de vous ?
– Vous « parlez » l'itinéraire en regardant le plan : alors, je sors par la N7, après le carrefour de l'horloge, je prends à droite, puis au deuxième feu... ?

Il est probable que vous trouverez la solution du problème, que vous serez à l'heure à notre déjeuner, mais votre pensée n'a pas fonctionné de la même façon selon que vous avez procédé d'une façon ou de l'autre. Dans la plupart des situations pédagogiques on ne tient compte que du résultat sans réfléchir au cheminement qui s'est fait dans la pensée de chacun pour arriver à ce but. Au fond, pour le pédagogue, il serait au moins aussi intéressant de savoir comment s'y prend un enfant pour résoudre un problème que de vérifier s'il arrive au bon résultat.

Certains sont des visuels, d'autres passent plutôt par le langage ou tirent plus d'information de ce qui est en langage. Ces deux familles ne sont que des schémas : la plupart des individus pensent à moitié en image à moitié en langage, l'un étayant l'autre. Ces différences individuelles comptent beaucoup en pédagogie.

1. Lorsqu'on veut apprendre quelque chose à un enfant, on doit – on devrait – tenir compte des différents modes de pensée. Supposez que vous prépariez une animation sur le château-fort. Les enfants doivent consulter chez eux, le soir, un dessin sur lequel s'appuiera votre activité du lendemain. Quelques-uns se contenteront de regarder le dessin et sauront bien décrire ce qu'ils ont observé, vous n'aurez plus qu'à indiquer les mots précis qui permettent de donner leur nom aux courtines, au donjon, etc. Les enfants dont le mode de pensée s'appuie plus sur le langage ne devront pas se contenter de contempler leur image. Pour participer, ils doivent se préparer différemment. Ils doivent se raconter ce qu'ils voient, mettre en parole ce qu'il y a à décrire, préparer leur commentaire comme s'ils le faisaient déjà devant la classe. Les maîtres qui savent sentir ces fonctionnements différents chez leurs élèves leur rendent un service considérable en précisant et en encourageant les démarches qui leur sont demandées. Ils doivent aussi profiter de ces particularités pour expliquer aux enfants qu'ils ne doivent pas tous se conformer obligatoirement aux mêmes règles et aux mêmes procédés. (L'expliquer aussi aux parents, qui comparent souvent le temps passé par différents enfants pour une tâche scolaire qui doit être exécutée à la maison.)

2. Dans la classe, le premier facteur qui donne le ton est la forme de pensée du maître[1]. Elle modélise forcément sa façon de présenter les choses, de décrire, de construire les plans, de présenter les schémas, etc. Ses habitudes mentales coïncident avec celles de quelques élèves (ceux qui fonctionnent comme lui, qui sont plutôt « image » ou plutôt « langage ») mais pas avec celles de tous. Certains élèves vont donc mieux réussir avec certains maîtres sans que les résultats aient le moindre rapport avec l'intelligence, le travail, l'application de l'élève ni la compétence de l'enseignant. Pour convenir à tous les élèves le maître idéal devrait avoir une forme de pensée mixte, « image-langage ».

Ces remarques devraient simplement inciter chacun à mieux se connaître. Nous passons beaucoup de temps à étudier des théories mais beaucoup moins à observer comment nous

1. Ces questions sont présentées de façon détaillée dans : La Garanderie A. de, *Les Profils pédagogiques*, Paris, 1969, Le Centurion.

pensons. Un maître contrôlerait bien mieux son attitude pédagogique s'il tenait compte de ses propres tendances en essayant de les compenser, de façon à ce que les enfants dont le mode de pensée est autre ne soient pas exclus des représentations proposées à tous.

Comment conclure ?

En regroupant des données qui sont sans doute ressenties de façons diverses par les uns et par les autres. En certains points, l'accord est général. Pour reconnaître la place exceptionnelle qui revient au langage dans le projet scolaire, dès l'école maternelle et de façon très soutenue encore au cours du primaire. Pour redire le rôle de magicien que peut jouer l'enseignant, d'autant plus que les autres adultes de référence – la famille – ont moins de compétence linguistique. Pour cerner les comportements verbaux et non verbaux qui favorisent plus que d'autres la communication et le langage. Pour apprécier l'élargissement des orientations et des objectifs que tracent les directives officielles.

Tout cela est bien, mais, à la lecture des pages précédentes, vous avez compris que l'on n'impose pas de règle absolue et obligée. Il existe trop de variables pour qu'enseigner le langage puisse être enfermé dans un scénario simple et unique. Chaque maître a sa personnalité, ses compétences, sa façon de voir et de pratiquer son métier. Il prend son rôle comme il l'entend. Devant lui, une classe dont certains caractères sont liés aux lieux de l'action (le panachage ethno-culturel) et qui compte autant d'individualités que d'enfants. Les protagonistes font de leur mieux – on l'espère ! – dans une intrigue semée d'embûches. Car, on l'a relevé en cours de route, il faut s'accommoder de nombreuses contradictions comme : il faut apprendre à communiquer… mais c'est une notion qui ne s'apprend pas tellement ; décider chaque fois entre deux choix opposés : laisser un élève raconter son histoire en s'efforçant de ne pas l'interrompre mais avec le souci de reprendre la forme incorrecte qu'on ne peut laisser passer.

Ce sont des détails, mais l'attitude du maître est faite en grande partie d'une succession d'interventions de détails et chaque fois il est seul pour décider, à chaud : blanc ou noir ?

Redisons ce qui va faire problème le plus souvent. L'enseignant aura forcément à se situer :

– entre interventions individuelles et situation collective. Nous avons vu que les interventions personnelles sur un point précis sont les meilleures formules, mais elles ne peuvent être utilisées autant qu'on le souhaiterait en raison de la lourdeur des effectifs scolaires. Dans le cadre du thème : effectifs scolaires chargés, va-t-on négliger les « petites fautes » d'enfants qui ont un bon langage pour apporter plus à ceux dont le niveau est médiocre, sachant que les aider demande un effort bien plus soutenu et répété, avec des perspectives de progrès bien plus hypothétiques et lointaines ?
– entre apprentissages traditionnels et spontanéité. On a voulu épargner à l'enfant les apprentissages grammaticaux traditionnels alors que, s'ils partent des capacités linguistiques réelles de l'enfant, ils ne présentent pas un poids mais peuvent au contraire mettre de l'ordre et procurer un modèle efficace ;
– entre niveau de langue et norme. L'un des objectifs de l'enseignement du français est de conduire tous les enfants à la maîtrise de la langue. Qu'entend-on par « maîtrise de la langue » ? Une langue correcte, construite selon les règles, répondant à un modèle, une norme. Celle-ci évoque immanquablement rigidité, convention. S'il y a une norme, elle est la même pour tous, est anormal tout ce qui s'en écarte. La notion de norme introduit l'idée de fixation, d'uniformité. Elle introduit une nuance « scolaire » dans son sens le plus péjoratif : des règles apprises à l'école, visant l'uniformité. Attacher de l'importance à une norme est passé de mode et cependant... il faut bien que les maîtres aient des repères ;
– entre apprentissage traditionnel et intégration des modes linguistiques. Loin de moi l'idée de faire l'éloge d'un enseignement traditionnel de la langue. Et cependant... Dans un

souci de modernité, on a voulu intégrer dans les méthodes scolaires les acquis de la linguistique contemporaine. Idée louable mais qui est tombée dans le piège de la rapide évolution des idées en sciences humaines : les théories linguistiques se succèdent, se démodent les unes après les autres. Elles laissent des contributions à l'étude du langage mais aucune ne détient le privilège de fournir un schéma de fonctionnement du langage digne de balayer tous les acquis antérieurs. Le temps qu'un point de vue s'affirme avec assez de cohérence et que soient reconnues ses qualité novatrices… (on pense notamment à la grammaire générative de Chomsky), le temps de refondre les manuels scolaires, de les imprimer, de les diffuser… la mode a tourné. Et pendant des années les élèves apprennent à faire des « arbres » et se cassent le nez sur la forme passive (dans des tournures si peu usuelles en français) pour la simple raison que l'on a traduit des schémas qui se trouvent pertinents en anglais mais pas vraiment en français. Les modèles linguistiques sont irremplaçables pour fournir des moyens d'analyse du langage mais leurs schémas ne sont pas forcément opérationnels lorsqu'il s'agit d'enseigner la langue. Leur connaissance est un enrichissement pour le maître mais une nouvelle présentation de la grammaire facilite-t-elle les apprentissages ?

Entre le poids des habitudes, les contraintes des programmes, les modes qui se démodent, chacun se taille la liberté de réaliser au mieux le style pédagogique qui est le sien.

Bibliographie

ACHNAR M., WINTONICK P., 1994, *Chomsky. Les médias et les illusions nécessaires*, (film canadien).

AIMARD P., 1975, *Les Jeux de mots de l'enfant*, Paris, Simep.

AIMARD P., 1981, *Le Langage de l'enfant*, Paris, PUF.

AIMARD P., ABADIE C., 1991, *Les Interventions précoces dans les troubles du langage de l'enfant*, Paris, Masson.

AIMARD P., BAZIN F., 1993, *Les Débuts du langage*, film, Lyon, G. Dittmar.

AIMARD P., BAZIN F., POROT M., 1993, *Examen auditif du jeune enfant*, film, Lyon, G. Dittmar.

AIMARD P., MORGON A., 1983, *Approche méthodologique des troubles du langage de l'enfant*, Paris, Masson.

AIMARD P., MORGON A., 1985, *L'Enfant sourd*, Paris, PUF, coll. « Que sais-je ? », n° 2240.

AUBRY J., 1955, *La Carence de soins maternels*, Paris, Centre international de l'enfance.

BEAUDICHON J., SIGURDSSON T., TRELLES C., 1978, « Étude chez l'enfant de l'adaptation verbale à l'interlocuteur », *Psychologie française*, 23, 213-220.

BERKO-GLEASON J., 1973, *Cognitive development and the acquisition of language*, New York, Academic Press.

BERNSTEIN B., 1975, *Langage et classes sociales. Codes sociolinguistiques et contrôle social*, Paris, Minuit.

BLOOM C., 1988, « Influence des vocalisations de l'adulte sur les vocalisations de l'enfant », *Journal of Child Language*, XV, 469-480.

BLOOM L., LAHEY M., 1978, *Language development and language disorders*, New York, Wiley.

BOWER T.G.R., 1978, *Développement psychologique de la première enfance*, Paris-Bruxelles, Mardaga.

BRONCKART J.-P., 1977, *Théories du langage. Une introduction critique*, Bruxelles, Mardaga.

BROWN R., 1973, *A first language*, Londres, G. Allen and Unwin.

BROWN R., CAZDEN C., BELLUGI U., 1969, « The child's grammar from I to III », in *Minnesota symposia on child psychology*, Minneapolis, University Press.

BURLINGHAM D., FREUD A., 1949, *Enfants sans famille*, Paris, PUF.

CHOMSKY N., 1969, *Structures syntaxiques*, Paris, Le Seuil.

CHOMSKY N., 1971, *Aspects de la théorie syntaxique*, Paris, Le Seuil.

CRYSTAL D., 1986, *Listen to your child. A parent's guide to children's language*, Londres, Penguin Books.

CYRULNIK B., 1991, *La Naissance du sens*, Paris, Hachette.

DE LAGUNA G., 1927, *Speech : its function and development*, New Haven, Yale University Press.

FERREIRO E., 1971, *Les Relations temporelles dans le langage de l'enfant*, Paris, Droz.

FRANÇOIS F., FRANÇOIS D., SABEAU-JOUANNET E., 1977, *La Syntaxe de l'enfant avant cinq ans*, Paris, Larousse.

GRÉGOIRE A., 1937, *L'Apprentissage du langage. Les deux premières années*, Paris, Librairie Droz.

GRÉGOIRE A., 1947, *L'Apprentissage du langage. II, La troisième année*, Paris, Les Belles Lettres.

JAKOBSON R., 1968, *Leçons sur le son et le sens*, Paris, Minuit.

KHOMSI A., 1981, *La Compréhension des énoncés chez le jeune enfant. Stratégie de traitement de l'information linguistique*, thèse de doctorat en linguistique, Université de Nancy.

LENNEBERG E.H. (ed.), 1975, *Foundations of language development. A multidisciplinary approach*, New York, Academic Press, 2 volumes.

LÉVI-STRAUSS C., 1949, *Les Structures élémentaires de la parenté*, Paris, PUF.

LÉVI-STRAUSS C., ERIBON D., 1988, *De près et de loin*, Paris, Odile-Jacob.

LÉZINE I., STAMBAK M., 1982, *Les Bébés et les choses*, Paris, PUF.

MELHER J., 1976, « Psycholinguistique et psychanalyse : quelques remarques », *in* « Psychanalyse et langage », n° spécial, *Revue française de psychanalyse*, n° 4, 605-623.

MELHER J., DUPOUX E., 1990, *Naître humain*, Paris Odile-Jacob.

MONTAGNER H., 1978, *L'Enfant et la communication*, Paris, Stock-Pernoud.

MOREAU M.-L., RICHELLE M., 1981, *L'Acquisition du langage*, Bruxelles, Mardaga.

NICOLAS-GENTOUX C., 1980, *Juliette apprend à parler entre douze et quatorze mois*, Paris, Masson.

OLÉRON P., 1979, *L'Enfant et l'acquisition du langage*, Paris, PUF.

PIAGET J., INHELDER B., 1941, *Le Développement des quantités physiques*, Paris, Neuchatel, Delachaux et Niestlé.

PIAGET J., 1946, *La Formation du symbole chez l'enfant*, Paris, Neuchatel, Delachaux et Niestlé.

PIAGET J., 1923, *Le Langage et la pensée chez l'enfant,* Paris, Neuchatel, Delachaux et Niestlé.

PIAGET J., 1924, *Le Jugement et le raisonnement chez l'enfant*, Paris, Neuchatel, Delachaux et Niestlé.

PIAGET J., 1926, *Le Langage et la pensée chez l'enfant*, Paris, Neuchatel, Delachaux et Niestlé.

PIAGET J., SZEMINSKA A., 1941, *La Genèse du nombre,* Paris, Neuchatel, Delachaux et Niestlé.

RONDAL J.-A., 1983, *L'Interaction adulte-enfant et la construction du langage*, Bruxelles, Mardaga.

SAUSSURE F. de, 1916, *Cours de linguistique générale*, Lausanne-Paris, Payot, rééd. 1967.

SINCLAIR H., 1967, *Acquisition du langage et développement de la pensée. Sous-systèmes linguistiques et opérations concrètes,* Paris, Dunod.

SKINNER B.F., 1971, *L'Analyse expérimentale du comportement*, Bruxelles, Mardaga.

SLAMA-CAZAEN T., 1977, « Les échanges verbaux entre les enfants et entre adultes et enfants », *in La Genèse de la parole*, Paris, PUF.

SMITH E., MILLER G.A. (eds), 1966, *The genesis of language, a psycholinguistic approach*, Cambridge, MIT Press.

SPITZ R., 1968, *De la naissance à la parole*, Paris, PUF.

STERN D., 1977, *Père, enfant, les premières relations*, Bruxelles, Mardaga.

WEIR R.H., 1962, *Language in the crib*, La Haye, Mouton.

WINNICOTT D.W., 1969, *De la pédiatrie à la psychanalyse*, Paris, Payot.

Index

A

B

I-J

K-L

M-N

O-P

R

S

T

U-W-Z

Imprimerie GAUTHIER-VILLARS, Paris
Dépôt légal, Imprimeur, n° 4581
Dépôt légal : février 1996
Imprimé en France